ALCESTE
HERACLIDAS
HIPÓLITO

ALCESTE
HERACLIDAS EURÍPIDES
HIPÓLITO

Tradução, introdução e notas
CLARA L. CREPALDI

© *Copyright* desta tradução: Editora Martin Claret Ltda., 2013.

DIREÇÃO
Martin Claret

PRODUÇÃO EDITORIAL
Carolina Marani Lima
Mayara Zucheli

DIREÇÃO DE ARTE E CAPA
José Duarte T. de Castro

DIAGRAMAÇÃO
Giovana Gatti Quadrotti

ILUSTRAÇÃO DE CAPA
LunarSeaArt / Pixabay

REVISÃO
Lilian Sais
Alexander B. A. Siqueira

IMPRESSÃO E ACABAMENTO
Intergraf Ind. Gráfica Eireli

Este livro segue o novo Acordo Ortográfico da Língua Portuguesa.

Dados Internacionais de Catalogação na Publicação (CIP)
(Câmara Brasileira do Livro, SP, Brasil)

Eurípides
  Alceste; Heraclidas; Hipólito / Eurípides;
  tradução Clara L. Crepaldi. – São Paulo: Martin Claret, 2017.

Título original: Αλκηστιζ; Γππολυισζ; Ηρακλειδαι
ISBN 978-85-440-0164-6

1. Teatro grego (Tragédia) I. Título: Alceste II. Título: Heraclidas.
III. Título: Hipólito.

17-08600   CDD-882

Índices para catálogo sistemático:
1. Teatro: Literatura grega antiga 882

EDITORA MARTIN CLARET LTDA.
Rua Alegrete, 62 - Bairro Sumaré - CEP: 01254-010 - São Paulo, SP
Tel.: (11) 3672-8144 - www.martinclaret.com.br
Impresso em 2018

SUMÁRIO

Atenas e a tragédia grega   9
Estrutura e convenções do gênero   10
Cronologia das tragédias supérstites de Eurípides   13
A seleção   13
Alceste   14
Heraclidas   16
Hipólito   17
A tradução   17
Leitura complementar   19

ALCESTE   23

HERACLIDAS   83

HIPÓLITO   133

Sobre a tradutora   201

ALCESTE / HERACLIDAS / HIPÓLITO

ATENAS E A TRAGÉDIA GREGA

Frequentemente, é como texto literário que conhecemos e compreendemos a tragédia clássica de Ésquilo, Sófocles e Eurípides. Não foi assim, no entanto, que essa poesia foi concebida pelos seus autores e recebida em seu contexto original. Por mais poderoso que seja o texto trágico para os seus leitores, é preciso imaginar que ele é apenas uma parte de um espetáculo teatral completo, amplificado por canto, dança, máscaras, figurinos e cenografia e matizado pela interpretação dos atores. Ou seja, é preciso lembrar que esses textos foram feitos para serem encenados, como de fato o foram na Atenas clássica e muitas vezes depois.

Não se sabe como surgiu e o que originou a tragédia grega. As fontes antigas são incertas e duvidosas, e os primeiros textos de que dispomos já representam o apogeu dessa arte.[1] Podemos perceber, de todo modo, a confluência de diversas tradições poéticas na composição da tragédia: a matéria mítica deriva da épica e da mélica arcaica, enquanto os metros e vocabulário muito devem à mélica coral, especialmente à mélica dórica de Píndaro, Íbico e Estesícoro, entre outros.

Qualquer que seja a sua origem, a tragédia é um fenômeno muito bem localizado no espaço e no tempo: todas as tragédias de Ésquilo, Sófocles e Eurípides foram encenadas na Atenas do séc. V a.C.,

---

[1] A primeira tragédia que chegou completa aos nossos dias é *Os Persas*, de Ésquilo, encenada em 472 a.C.

durante o apogeu político e econômico da *pólis*. As performances estavam, inclusive, inseridas em festivais religiosos do calendário oficial ateniense.

Das várias festas que honravam Dioniso em Atenas todos os anos, duas mantinham competições teatrais: as Dionisíacas Urbanas ou Grandes Dionisíacas, celebradas em março/abril, e as Leneias, festejadas em janeiro/fevereiro. Por ser celebrado no início da primavera, quando o mar se tornava navegável e muitos estrangeiros vinham à cidade, o festival das Grandes Dionisíacas era o mais importante. Além de homenagear o deus com sacrifícios, procissão e concursos de dramas e ditirambos, o festival era também uma grande demonstração do poderio político-econômico ateniense e uma ocasião de congregação do corpo de cidadãos, que se reunia na plateia do teatro. Por conta disso, há estudos que exploram não só os aspectos religiosos, mas também as ressonâncias políticas presentes nas tragédias gregas.

Estrutura e convenções do gênero

Mas o que é mesmo uma tragédia grega? Quem consultar o dicionário Houaiss vai encontrar as seguintes definições:

1) *teat* na antiga Grécia, peça em verso, de forma ao mesmo tempo dramática e lírica, na qual figuram personagens ilustres ou heroicos e em que a ação, elevada, nobre e própria para suscitar o terror e a piedade, termina ger. por um acontecimento funesto.
2) *teat* peça, ger. em verso, cuja ação termina de ordinário por acontecimentos fatais.
[...]
5) *fig.* ocorrência ou acontecimento funesto que desperta piedade ou horror; catástrofe, desgraça, infortúnio.

Informado por tais definições, alguém certamente poderá apreciar o *Hipólito*, mas vai encontrar dificuldades para entender como *Heraclidas* e *Alceste* se encaixam no modelo de tragédia pretendido por essas definições. De fato, as três tragédias deste volume são composições em verso, de forma ao mesmo tempo dramática e lírica (isto é, com partes faladas e partes cantadas) e com personagens ilustres e heroicos: Hipólito, Fedra, Teseu, Iolau, Alcmena, Alceste, Héracles etc. Nem todas as suas ações, entretanto, podem ser consideradas elevadas e nobres (ex.: a crueza da vingança de Alcmena em *Heraclidas*, ou a bebedeira de Héracles em *Alceste*), e dessas três tragédias apenas *Hipólito* tem um final claramente funesto.

O dicionário menciona também a função catártica de suscitar o terror e a piedade, postulada por Aristóteles na *Poética*. Como em muitas outras áreas do saber, a teorização de Aristóteles exerceu uma influência decisiva sobre o nosso entendimento dos gêneros poéticos, mesmo em seus momentos mais tacanhos, por exemplo, na desvalorização da *ópsis* (espetáculo) para a criação do sentido da tragédia.[2] Uma segunda influência ainda muito presente na compreensão moderna de tragédia vem do Romantismo alemão, que forjou a ideia do "trágico" como uma categoria universal que caracterizaria a condição humana e identificou as tragédias de Ésquilo e Sófocles (e não as de Eurípides) como o meio primordial em que a "visão trágica" do mundo se manifestaria.[3]

A despeito dos ideais românticos, uma análise do conjunto das 31 tragédias de que dispomos (7 de Ésquilo, 7 de Sófocles e 17 de Eurípides)[4] revela uma admirável variedade e mutabilidade do gênero na Atenas clássica: não há fórmula pronta para uma grande tragédia. Nesse entendimento, a tragédia se distinguiria dos gêneros dramáticos contemporâneos a ela[5] sobretudo por aspectos formais: ocasião de performance, uso de máscaras e figurinos, linguagem e

---

[2] Os trechos relevantes da *Poética* são: VI, 1450b16-20; XIV, 1453b1-3; e XXVI, 1461b26-29.

[3] Essa compreensão do trágico, desenvolvida principalmente pelos irmãos Friedrich e August Schlegel, reaparece notavelmente no clássico *O nascimento da tragédia*, de Nietzsche, uma obra ainda muito influente entre os que estudam a tragédia grega.

[4] Apesar de não estar totalmente convencida por nenhum argumento apresentado até agora, tendo a não considerar o *Reso* como um drama autêntico de Eurípides, por isso não o incluo nessa contagem.

[5] Isto é, a comédia e o drama satírico.

metro, motivos e personagens mitológicos, presença do coro, alternância entre episódios e canções corais.

Um dos elementos da tragédia grega de mais difícil compreensão para o público moderno — e por isso mesmo frequentemente omitido em remontagens — é o coro. Entre cantos e danças (*khorós*, em grego, quer dizer "dança"), o coro, por um lado, interage com os personagens e interfere na ação, e de outro comenta o que se passa, quase como um espectador exterior, adicionando, muitas vezes, uma perspectiva mítica às histórias encenadas. A voz coletiva do coro, formado por um grupo de cidadãos que não eram atores profissionais, parece ensejar um olhar reflexivo sobre o mundo dos heróis, retratado em cena.

Uma tragédia se divide fundamentalmente em partes faladas e partes cantadas, e é a alternância entre essas partes que estrutura o esquema, bastante convencional, de entradas e saídas de atores na cena. Por exemplo, saídas geralmente ocorrem logo antes de uma canção estrófica, enquanto entradas são esperadas imediatamente depois do fim de uma canção. Por isso, sempre que um personagem entra em algum outro momento, espera-se um anúncio de sua entrada — que naturalmente não acontece no caso de uma entrada com intenção de surpreender. Para as partes faladas, a tragédia geralmente usa trímetros iâmbicos, um metro bastante próximo do ritmo normal da língua grega, enquanto as partes cantadas apresentam uma imensa variedade métrica e uma linguagem mais rebuscada e elevada, inclusive com formas dos dialetos dórico, eólico e épico, distintas das formas do grego ático utilizado nas partes faladas.

É herança de Aristóteles a divisão tradicional (e um tanto arbitrária) das partes da tragédia, que ainda utilizamos por convenção: toda tragédia se inicia pelo *prólogo*, que é tudo o que vem antes de uma canção coral; a primeira canção do coro é chamada de *párodo*; entre cada canção coral ficam os *episódios*; as canções corais posteriores ao párodo são chamadas de *estásimos*; e o que vem depois do último estásimo é o *êxodo*.

Cronologia das tragédias supérstites de Eurípides

455 – Eurípides compete nas Grandes Dionisíacas pela primeira vez
438 – *Alceste* (prêmio de segundo lugar)
431 – *Medeia* (prêmio de terceiro lugar)
c. 430 – *Heraclidas*
428 – *Hipólito* (prêmio de primeiro lugar)
c. 425 – *Andrômaca*
c. 424 – *Hécuba*
c. 423 – *As Suplicantes*
c. 420 – *Electra*
c. 416 – *Héracles*
415 – *As Troianas* (prêmio de segundo lugar)
c. 414 – *Ifigênia em Táuris*
c. 413 – *Íon*
412 – *Helena*
411-409 – *As Fenícias*
408 – *Orestes*
c. 408 ? – *Ciclope* (drama satírico)[6]
407/6 – Possível morte de Eurípides
405/404 – *Ifigênia em Áulis* e *Bacantes*, apresentadas pelo filho ou sobrinho de Eurípides (prêmio póstumo de primeiro lugar)

A seleção

As três tragédias reunidas neste volume têm em comum o fato de pertencerem a uma fase mais antiga da carreira de Eurípides, conforme se observa acima. Nisso provavelmente se resume a semelhança entre elas. Com efeito, *Alceste*, *Heraclidas* e *Hipólito* são tragédias bastante diferentes em tom e tema. Em *Alceste* abundam os elementos cômicos, que perturbam a crítica mais conservadora;

---

[6] O *Ciclope* é o único drama satírico que chegou completo aos nossos dias. A datação sugerida aqui foi proposta por Richard Seaford (The date of Euripides' *Cyclops*, *The Journal of Hellenic Studies*, v. 102, 1982), mas ainda não há acordo sobre o assunto.

Heraclidas é um drama eminentemente político, que retrata a relação entre a cidade, seus suplicantes e seus inimigos; e *Hipólito*, mais condizente com o modelo aristotélico de tragédia, apresenta os sucessivos erros (*hamartíai*) de seus diferentes personagens que culminam na morte de Hipólito e na destruição da casa de Teseu. A reunião desses três dramas pretende evidenciar a diversidade e heterogeneidade da tragédia clássica ateniense, a despeito da relativa uniformidade de algumas teorizações.

Também se aproveita a ocasião para editar *Heraclidas* em papel pela primeira vez no Brasil, na esperança de que essa edição contribua para atrair os olhares do público e da crítica para uma peça frequentemente ignorada por aqueles que se ocupam da tragédia grega.[7] Sumarizamos, a seguir, os enredos e temas de cada peça traduzida.

Alceste

Como é de praxe nas tragédias de Eurípides, o prólogo de *Alceste* começa com um longo monólogo, que situa a trama e adianta ações e acontecimentos posteriores. O autor desse monólogo é o deus Apolo, que foi servo na casa de Admeto, rei da Tessália, por castigo de Zeus. Para agradecer a hospitalidade que recebeu na casa do rei, Apolo convenceu as Moiras a deixarem Admeto viver além do que lhe tinha sido destinado. A dádiva, no entanto, não veio sem um preço: para viver mais, o rei precisaria achar alguém que aceitasse morrer por ele, quando a Morte o viesse buscar. E depois de todos recusarem a Admeto esse favor, inclusive seus pais idosos, somente sua esposa Alceste aceitou se sacrificar por ele.

---

[7] Antes da presente edição, *Heraclidas* tinha sido traduzida em Portugal, por Cláudia R. C. Silva (Lisboa: Edições 70, 2000); no Brasil, a tradução recente de Jaa Torrano só está disponível, por ora, em formato digital (in: Eurípides. *Teatro Completo*, Volume I. São Paulo: Editora Iluminuras, 2015).

No começo da peça, Alceste está à espera da Morte, que logo vem buscá-la. Os últimos momentos da rainha e sua despedida à família se revelam terrivelmente dolorosos para Admeto: sim, ele conseguiu sobreviver, mas não sem pagar por isso um alto preço, quiçá alto demais.

Enquanto toda a casa lamenta a morte precoce de Alceste, um inesperado visitante chega ao palácio: Héracles. O herói pergunta pelo motivo da visível consternação de Admeto, mas o rei mente para não afugentar seu hóspede. Para entender essa atitude de Admeto, é necessário compreender a importância dos laços de hospitalidade na cultura grega. Entre os gregos, o respeito mútuo entre hóspedes e anfitriões envolvia uma larga generosidade, expressa em benefícios materiais, gentileza, abrigo e proteção de direitos, e o descumprimento das normas de hospitalidade poderia engendrar a ira de Zeus.

Escondendo então o motivo de seu luto, Admeto recebe Héracles em sua casa e ordena que lhe sirvam. É nesse momento que a veia cômica da peça fica mais evidente: Héracles, cada vez mais bêbado, inconvenientemente canta e faz algazarra a ponto de fazer um servo repreendê-lo pelos seus maus modos em ocasião de luto. Embaraçado ao saber a verdade que Admeto lhe escondera, Héracles decide lutar contra a Morte para recuperar Alceste.

Quando, mais tarde, Héracles volta ao palácio, ele traz consigo uma mulher coberta por um véu, que ele insiste em dar para Admeto guardar. O rei, a princípio, reluta em aceitá-la, em respeito a uma promessa que fizera a Alceste, mas acaba cedendo. A peça termina quando Admeto percebe que sob o véu se esconde sua própria esposa, ressuscitada. Héracles explica que ela não pode falar por três dias, tempo em que será purificada da morte. Admeto e o coro comemoram o feliz desfecho.

Independente do grau de altruísmo que se queira atribuir ao sacrifício de Alceste, é certo que sua atitude contrasta com o comportamento (passivo? covarde?) de Admeto. A relação desigual entre homem e mulher é nitidamente um dos temas principais dessa peça, ainda que a interpretação dessa relação não seja inequívoca.

Heraclidas

Iolau, antigo companheiro de Héracles em suas aventuras, agora é um ancião que tenta proteger os filhos de seu amigo, coletivamente chamados de heraclidas, da fúria de Euristeu, rei de Argos. Prostrados como suplicantes no templo de Zeus em Maratona, o grupo pede proteção a Demofonte, filho de Teseu e rei de Atenas, ante ameaças de um arauto argivo que quer levá-los embora à força.

Após ouvir discursos de ambas as partes, o rei decide proteger os heraclidas e entra em guerra contra os argivos. Enquanto se fazem os preparativos para o combate iminente, um oráculo profecia que Atenas só vencerá Argos se sacrificar a Perséfone uma jovem donzela, de origem nobre. Demofonte diz que não sacrificará uma ateniense. Iolau e os atenienses não sabem como proceder, quando uma das filhas de Héracles se oferece para ser sacrificada e salvar seus irmãos e protetores. Sua atitude é bastante louvada pelos personagens e pelo coro.

Em seguida, Hilo, o filho mais velho de Héracles, que saíra em uma missão em busca de ajuda, volta trazendo reforços para a batalha. Em uma cena cômica, o velho Iolau insiste em se paramentar para a guerra, a despeito de sua debilidade física. Mais tarde, um discurso de mensageiro conta como os atenienses foram vitoriosos na batalha e como Iolau, em momento de glória, passou por um miraculoso rejuvenescimento, que lhe tornou capaz de perseguir e capturar Euristeu.

Apesar do desfecho favorável aos heraclidas e seus aliados, a tragédia termina em um tom sombrio. Alcmena, mãe de Héracles, ordena que Euristeu seja morto, ainda que a morte de prisioneiros de guerra seja proibida pela lei ateniense.

Esse final põe em relevo uma questão crucial para essa peça: a relação entre poder e justiça. Afinal, é a lei do mais forte que vale? Que justiça é devida aos suplicantes? E aos inimigos? Esses são temas que continuam pertinentes hoje, mas lembrar que *Heraclidas* foi encenada durante a Guerra do Peloponeso — um conflito sangrento entre Atenas e Esparta que duraria quase três décadas — pode dar algumas pistas do que levou Eurípides a pensar sobre isso.

Hipólito

Hipólito é um jovem mortal que rejeita os dons de Afrodite em favor da castidade. Devoto de Ártemis, a deusa da caça e da virgindade, Hipólito não quer se casar e conhecer o amor sensual, no que ofende a deusa Afrodite. Furiosa por se sentir desonrada, Afrodite se vinga de Hipólito fazendo com que Fedra, sua madrasta, se apaixone por ele. Quando uma ama revela a Hipólito o segredo do amor de Fedra, o jovem a rejeita, horrorizado, e Fedra se suicida por vergonha, mas não sem antes deixar por escrito um falso testemunho que acusa Hipólito de tê-la estuprado. Acreditando na acusação da esposa falecida, Teseu amaldiçoa seu filho Hipólito, causando a sua morte. Na última cena, a deusa Ártemis aparece para revelar a verdade a Teseu e confortar Hipólito em seus últimos instantes de vida.

Nessa peça, o descomedimento (*hýbris*) permeia o comportamento de todos. Hipólito ultrapassa a medida do que lhe cabe quando despreza Afrodite para cultuar somente Ártemis. Fedra se excede no desespero do seu amor. Teseu é arrogante no seu julgamento apressado da culpa de Hipólito, e violento em sua vingança. Até mesmo a deusa Afrodite se rende a excessos, ao arrasar a casa de Teseu por orgulho, ciúmes e vaidade. Todo o drama é também uma espécie de ode soturna a Eros, o amor: essa força arrasadora e incontrolável.

A tradução

O principal esforço dessa tradução foi manter a consistência da rede semântica de cada texto, com atenção especial à terminologia empregada. No que tange à elocução, conservamos, na medida do possível, as figuras de linguagem, mesmo as metáforas mais obscuras. Também usamos alguns estrangeirismos, já dicionarizados ou não, para marcar traços distintivos da cultura grega. Inversões sintáticas foram empregadas sobretudo para marcar palavras em início de verso ou de sentença, posições consideradas de relevo. Tentamos diferenciar os registros utilizados nas partes líricas, empregando uma linguagem um tanto mais elevada nessas passagens — uma tentativa, é preciso dizer, que nem de longe se aproxima da riqueza do texto grego. Utilizamos para a tradução o texto da edição de James Diggle (Oxford Classical Texts).

Essa tradução não foi especialmente feita para os palcos, mas não se imagina incompatível a eles. São conhecidas as críticas, um tanto frequentes, que diretores e atores teatrais dirigem a traduções que usam uma linguagem muito elevada e arcaizante, tornando o texto muito "difícil" ou "impossível" de ser encenado. Quanto a isso, é preciso dizer que a linguagem da tragédia é, de fato, bastante elevada — e até mesmo críptica —, principalmente nas partes corais, mas não somente nelas. Porém, glosar esses textos em uma linguagem "fácil" para uma compreensão mais imediata resulta, muitas vezes, no empobrecimento de sua rede de significados. Ademais, não é verdade que um registro de linguagem distante da cotidiana seja impedimento para o teatro. Daí a nossa opção por explorar diferentes registros linguísticos e recursos estilísticos em nossa tradução.

Cada época interpretou e interpreta a tragédia grega à sua maneira, a partir de pontos de vista subjetivos, condicionados por seus respectivos horizontes de expectativas. Se cabe aos especialistas tentar compreender a tragédia grega em seu contexto original, é com traduções e encenações que revivemos e ressignificamos o teatro antigo nos dias de hoje. Este volume é uma tentativa de fazê-lo.

Clara Lacerda Crepaldi

Leitura complementar

BARRETT, W. S. *Euripides: Hippolytos*. Oxford: Clarendon, 2001.

BULFINCH, Thomas. *O livro da mitologia*. Tradução de Luciano Alves Meira. São Paulo: Martin Claret, 2013.

CANFORA, Luciano. *O mundo de Atenas*. Tradução de Federico Carotti. São Paulo: Companhia das Letras, 2015.

DIGGLE, J. *Euripidis fabulae*. Tomus I (Insunt Cyclops, Alcestis, Medea, Heraclidae, Hippolytus, Andromacha, Hecuba). Oxford: Clarendon Press, 1989.

EASTERLING, Pat; HALL, Edith (Org.). *Atores gregos e romanos*: aspectos de uma antiga profissão. Tradução de Raul Fiker. São Paulo: Odysseus, 2008.

EURIPIDES. *Euripides' Alcestis*. With notes and commentary by C.A.E. Lushnig and H.M. Roisman. Norman: University of Oklahoma Press, 2003.

_____. *The children of Heracles*. With an introduction, translation and commentary by William Allan. Warminster: Aris & Phillips, 2001.

_____. *Women on the edge*: four plays by Euripides. Translated and edited by Ruby Blondell, Mary-Kay Gamel, Nancy Sorkin Rabinowitz e Bella Zweig. New York: Routledge, 1999.

FOLEY, Helene. *Anodos* dramas: Euripides' Alcestis and Helen. In: HEXTER, Ralph; SELDEN, Daniel (ed.). *Innovations of Antiquity*. New York: Routledge, 1992. p. 133-60.

FRANCISCATO, Maria Cristina Rodrigues da Silva. Afrodite e Ártemis: em *Hipólito* de Eurípides. In: DUARTE, Adriane da Silva;

CARDOSO, Zélia de Almeida (Org.). *A representação dos deuses e do sagrado no teatro greco-latino*. São Paulo: Humanitas, 2013. p. 73-96.

_____. Τύχη *e caráter no Hipólito de Eurípides*. 2006. 308 f. Tese (Doutorado em Letras Clássicas) — Faculdade de Filosofia, Letras e Ciências Humanas, Universidade de São Paulo, São Paulo, 2006.

GAZONI, Fernando Maciel. *A Poética de Aristóteles*: tradução e comentários. 2006. 132 f. Dissertação (Mestrado em Filosofia) — Faculdade de Filosofia, Letras e Ciências Humanas, Universidade de São Paulo, São Paulo, 2006.

HALL, Edith. *Greek tragedy*: suffering under the sun. New York: Oxford University Press, 2010.

_____. *Inventing the barbarian*: Greek self-definition through tragedy. Oxford: Clarendon Press, 1991.

HALLERAN, Michael R. *Stagecraft in Euripides*. London: Croom Helm, 1985.

HARVEY, Paul. *Dicionário Oxford de literatura clássica*. Tradução de Mário da Gama Kury. Rio de Janeiro: Jorge Zahar, 1987.

MALHADAS, Daisi. *Tragédia grega*: o mito em cena. Cotia: Ateliê, 2003.

MASTRONARDE, Donald J. *The art of Euripides*: dramatic technique and social context. Cambridge: Cambridge University Press, 2011.

MENDELSOHN, Daniel. Gender and the City in Euripides' Political Plays. Oxford: Oxford University Press, 2002.

MOSSMAN, Judith (Ed.). Euripides (Oxford Readings in Classical Studies). Oxford: Oxford University Press, 2003.

PICKARD-CAMBRIDGE, Arthur W. *The dramatic festivals of Athens*. Oxford: Clarendon Press, 1953.

ROMILLY, Jacqueline de. *A tragédia grega*. Lisboa: Edições 70, 2013.

TAPLIN, Oliver. *The stagecraft of Aeschylus*: the dramatic use of exits and entrances in Greek tragedy. Oxford: Clarendon, 1977.

THIERCY, Pascal. *Tragédias gregas*. Tradução de Paulo Neves. Porto Alegre: L&PM, 2009.

THOMAS, Rosalind. *Letramento e oralidade da Grécia antiga*. São Paulo: Odysseus, 2005.

VERNANT, Jean-Paul; VIDAL-NAQUET, Pierre. *Mito e tragédia na Grécia antiga*. Tradução de Anna Lia A. de Almeida Prado et al. São Paulo: Perspectiva, 2008.

WALTON, John J. Michael. *Euripides our contemporary*. Berkeley: University of California Press, 2010.

WILES, David. *Greek theatre performance*: an introduction. Cambridge: Cambridge University Press, 2000.

WINKLER, J.; ZEITLIN, Froma I. (Ed.). *Nothing to do with Dionysos?*: Athenian drama in its social context. Princeton: Princeton University Press, 1992.

ZUNTZ, Günther. *The political plays of Euripides*. Manchester: Manchester University Press, 1955.

ALCESTE

PERSONAGENS DO DRAMA

APOLO
MORTE
CORO DE HOMENS DE FERAS
SERVA
ALCESTE
ADMETO
FILHOS DE ALCESTE E ADMETO
HÉRACLES
FERES
SERVO

PRÓLOGO

(*A cena se passa em frente ao palácio de Admeto.*
Apolo carrega arco e aljava.)

APOLO
Ó casa de Admeto, em que suportei — eu! —
aceitar mesa servil, mesmo sendo um deus.
Zeus foi a causa, ao matar o meu filho
Asclépio, no peito lançando-lhe a chama;
com isso enraivecido, matei os Ciclopes, 5
artesãos do fogo de Zeus, e o pai forçou-me
a servir homem mortal, como pena por meu ato.
Tendo vindo a esta terra, pastoreava para o meu hóspede
e defendia esta casa até o presente dia.
Sendo eu mesmo honorável, encontrei honorável 10
homem no filho de Feres, o qual resgatei da morte,
as Moiras enganando. Disseram-me as deusas
que Admeto escaparia do Hades iminente,
dando em troca outro cadáver aos ínferos.
Porém, tendo passado por todos os amigos e os questionado, 15
[seu pai e sua mãe idosa que o gerou,]
não encontrou ninguém, exceto a esposa,
que se dispusesse a morrer por ele e não mais ver a luz.[1]

---

[1] O verso 16 está entre colchetes porque é considerado espúrio pelos editores. Essa marcação é constante em toda a tradução.

Dentro da casa, em seus braços, ele agora sustém a ela,
que agoniza, pois é neste dia que está destinado 20
que ela morra e deixe a vida.
Quanto a mim, para que a contaminação na casa não me atinja,
deixo o teto deste palácio tão amado.²

(*Entra a Morte.*)

E já vejo a Morte próxima,
sacrificadora dos mortos, que está para levá-la 25
à casa de Hades. Chegou na hora devida,
velando este dia, em que é preciso que ela morra.

MORTE (*recitando*)
Ah!
Por que estás junto ao palácio? Por que por aqui te demoras,
Febo? De novo cometes falta, das honras dos ínferos 30
apropriando-se e suprimindo-as?
Não bastou a ti impedir
o destino de Admeto, as Moiras
enganando com doloso artifício? E agora, de novo,
armado com o arco na mão, por ela vigias, 35
a filha de Pélias que isto prometeu: libertar o marido,
morrendo ela mesma em seu lugar?

APOLO
Confia. Tenho justiça, vê bem, e palavras honradas.

MORTE
Por que, então, necessidade de flechas, se tens justiça?

APOLO
É do meu costume sempre carregá-las. 40

---

² Para os gregos, a morte é impura. Por isso, moribundos devem ser sempre mantidos longe de deuses e lugares sagrados, e aqueles que tiverem contato com a morte precisam ser purificados.

MORTE
E também a esta casa sem justiça ajudar.

APOLO
É que me pesam os infortúnios de um amigo.

MORTE
E me roubarás de um segundo cadáver?

APOLO
Mas nem aquele eu tomei de ti à força.

MORTE
Como então está sobre a terra e não debaixo do chão?　　　45

APOLO
Dando em troca a esposa, de quem agora vens atrás.

MORTE
Sim, e vou levá-la para baixo, para o subterrâneo.

APOLO
Toma e leva, pois não acho que eu te persuadiria.

MORTE
A matar quem eu devo? Sim, pois assim me foi designado.

APOLO
Não, mas a adiar a morte dos que estão a ponto de.　　　50

MORTE
Entendo agora o teu raciocínio e vontade.

APOLO
Então há como Alceste chegar à velhice?

MORTE
Não há como. A mim também, perceba, alegram-me as honrarias.

APOLO
Em todo caso, mais de uma vida não levarias.

MORTE
Perecendo os jovens, maior honra ganho. 55

APOLO
Contudo, se morrer idosa, ricamente será enterrada.

MORTE
Para os abastados, ó Febo, é a lei que instituis.

APOLO
Que dizes? Será que me escapou quão esperta eras tu?

MORTE
Os endinheirados comprariam a morte, quando idosos.

APOLO
Não pensas em me conceder este favor? 60

MORTE
Certamente não! Conheces meus modos.

APOLO
Odiosos aos mortais e aos deuses detestáveis.

MORTE
Não poderás ter tudo o que não te cabe.

APOLO
Todavia, deter-te-ás, ainda que sejas excessivamente cruel.
Tal homem virá para a casa de Feres, 65

enviado por Euristeu para buscar cavalos
e carruagem das hibernais terras da Trácia,
— e ele, entretido como hóspede nesta casa de Admeto,
à força tomará de ti sua esposa.
Não terás de mim gratidão, 70
e o farás ainda assim, e por mim serás odiada.

MORTE
Se mais dissesses, não mais ganharias.
A mulher, contudo, vai para a casa de Hades.
Vou a ela para começar o ritual de sacrifício com a espada,
pois a oferenda aos deuses ínferos, 75
dela esta lâmina consagra o cabelo.

PÁRODO

(*Entra o coro de homens de Feras.*)

CORO (*recitando*)
Por que há quietude em frente ao palácio?
Por que está silenciada a casa de Admeto?
— E não há próximo ninguém amigo,
que diria se, já morta, 80
deve ser lamentada a rainha,
ou se, ainda viva, a filha de Pélias vê a luz do sol,
Alceste, considerada por mim e por todos
como a melhor mulher
ao seu esposo. 85

(*cantando*)
— Alguém ouve gemido,
ou bater de mãos sob o teto,
ou lamento, como se tudo fosse acabado?
— Não, de fato nenhum dos servos

está de pé junto aos portões.   90
Ah, se aparecesses, ó Peã,
em meio às ondas da ruína!

— Se estivesse morta, não estariam em silêncio.
Certamente o corpo ainda não deixou a casa.³
— Por quê? Não estou confiante. O que te encoraja?   95
— Como faria Admeto um funeral tão solitário
à zelosa esposa?

— Defronte aos portões não vejo
a bacia para se lavarem as mãos,
como de costume nos portões dos falecidos.⁴   100
Nem mecha de cabelo sobre o pórtico
cortada, que cai bem
à dor pelos mortos, nem jovem
mão de mulheres ressoa.⁵

— E ainda assim este é o dia designado...   105
— Que ousas?⁶
— Em que ela deve ir para debaixo da terra.
— Tocaste a alma, tocaste o coração!
— Quando se dilaceram os bons,
é preciso que lamente   110
aquele que há muito é julgado valoroso.

E não há lugar na terra
para onde alguém
despachado em viagem, seja a Lícia,
ou a árida moradia de Amon,   115

---

³ Verso com problemas textuais, a tradução tenta recuperar um sentido aproximado.
⁴ Os visitantes deveriam se purificar ao deixar a casa de uma pessoa falecida.
⁵ Há incerteza quanto ao texto dos versos 102-103.
⁶ O sentido é claro, mas o verso 106 tem problemas de métrica.

pudesse salvar a vida da infeliz.[7]
A escarpada ruína se avizinha.
Já não sei a que altar sacrificial
dos deuses eu deva ir. 120

Se com seus olhos
o filho de Febo
visse a luz do dia, ela viria,
deixando a morada escura
e os portões do Hades, 125
pois os mortos ele costumava levantar,
antes que o apanhasse o raio
de fogo trovejante, lançado por Zeus.
Mas agora que esperança de vida ainda posso ter? 130

CORO (*recitando*)
[Tudo já foi feito pelos reis.
Sobre os altares de todos os deuses,
estão sacrifícios gotejando sangue,
e não há remédio para os males.] 135

PRIMEIRO EPISÓDIO

(*Entra uma serva.*)

CORO
E eis que vem da casa uma das servas,
chorando. Que desventura ouvirei?
Perdoável é sofrer, se algo acontece
aos soberanos; mas, se ainda é viva a mulher, 140
ou se de fato pereceu, gostaríamos de sabê-lo.

---

[7] Referência aos oráculos de Apolo na Lícia e ao oráculo de Zeus Amon no Egito. O verso 115 tem problemas de correspondência métrica.

SERVA
Tanto viva quanto morta poderias dizê-la.

CORO
E como a mesma pessoa pode morrer e também ver a luz do dia?

SERVA
Já está pronta e agoniza.

CORO 146
Não há mais esperança de que seja salva a vida?

SERVA
É que o dia designado o obriga.

CORO
Então foram feitos para ela os preparativos?

SERVA
Está pronto o adorno, no qual o marido a sepultará.

CORO 144
Ó infeliz, sendo tal homem, perdes tal mulher!

SERVA 145
Não sabe disso ainda o soberano, antes que o padeça.

CORO 150
Que ela saiba agora que morrerá bem-afamada
e de longe a mais nobre mulher sob o sol!

SERVA
E como não seria a mais nobre? Quem o contestará?
Como deveria ser chamada a mulher que a ultrapassar?
Como alguma mulher demonstraria que mais honra 155

o marido do que estando disposta a morrer por ele?
Isso, certamente, toda a cidade o sabe,
mas o que fez dentro de casa te espantarás ao ouvi-lo.
Quando percebeu que o dia designado
chegara, em águas fluviais a pele clara   160
banhou; e, apanhando de sua casa de cedro
vestes e ornamento, adequadamente se vestiu.
Pôs-se defronte a Héstia e rezou:
"Senhora, já que estou indo para debaixo da terra,
caio perante a ti pela última vez e peço   165
que cuides dos meus filhos órfãos: casa meu filho
com uma esposa amorosa e minha filha com um nobre marido.
E que não morram precocemente, como eu, a mãe deles,
estou fenecendo, mas que felizes concluam
deleitosa vida na terra pátria."   170
E de todos os altares que há na casa de Admeto
aproximou-se, coroou-os e rezou,
cortando um ramo de galhos de mirto,
sem choro, sem gemido; e nem o mal
que se aproxima altera a bela natureza de sua pele.   175
Mas depois desabou ao quarto e no leito,
e lá chorou e disse ainda:
"Ó leito, onde deixei minha virgem mocidade
por este homem, pelo qual morro,
adeus! Não te odeio, mas sozinho me destruíste,   180
pois, temendo trair a ti e ao marido,
eu morro. Alguma outra mulher possuir-te-á,
não mais prudente que eu, mas provavelmente mais afortunada."
E, caindo sobre o leito, beija-o e molha todo o colchão
com um mar que transborda dos seus olhos.   185
Quando se satisfazia das muitas lágrimas,
cabisbaixa andava, afastando-se do colchão,
e, muitas vezes, após sair do leito, voltou-se
e atirou-se novamente à cama.
E os filhos, pendurando-se nos peplos da mãe,   190
choravam; e ela, recebendo-os nos braços,

saudava-os um após o outro, como se estivesse a morrer.
E todos os servos sob seu teto choravam,
compadecendo-se de sua senhora. Ela estendeu
a destra a cada um; nenhum era tão vil 195
que ela não chamasse e por quem, por sua vez, não fosse chamada.
Tais são os males na casa de Admeto.
Morrendo, estaria acabado; mas, sobrevivendo,
tem uma dor tamanha que jamais a esquecerá.

CORO
E decerto Admeto lamenta estes males, 200
uma vez que deve ser privado de tão nobre mulher?

SERVA
Chora, de fato, tendo nos braços a querida esposa,
e pede-lhe que não o deixe, o impossível
buscando — pois ela fenece e se extingue com a doença.
Abatida, um penoso fardo à mão, 205
e todavia ainda respirando (ainda que por pouco),
os raios do sol quer ver,
[como jamais de novo e pela última vez,
olha para o globo e brilho do sol.]⁸
Mas vou-me e anunciarei tua presença. 210
Nem todos querem bem a seus senhores
a ponto de, benévolos, manterem-se próximos na adversidade.
Tu, porém, há muito és amigo dos meus senhores.

PRIMEIRO ESTÁSIMO

CORO (*cantando*)
— Ó Zeus, que saída para os males
haveria aos meus senhores,
que livramento da presente sorte?

---

⁸ Os versos 206-207 são considerados interpolados por serem quase idênticos aos versos 411-412 de *Hécuba*, na qual parecem se ajustar melhor ao contexto.

— Ai, ai! Virá alguém, ou devo cortar meu cabelo 215
e já trocar por veste negra os meus peplos?⁹

— É terrível, de fato. Amigos, é terrível,
ainda assim aos deuses rezemos,
pois dos deuses é grande o poder. 220

— Ó senhor Peã, encontra alguma escapatória
para os males de Admeto!

— Ajuda sim, ajuda! Antes
encontraste, também agora
sê salvador da morte,
detém Hades sanguinário. 225

— Ai, ai, ai! <   >¹⁰
Ó filho de Feres, quanto sofres,
privado de tua esposa!

— Ai, ai!
Coisa digna de morte,
e mais do que suficiente
para pôr o pescoço em aéreo nó.

— Não uma esposa querida, mas a mais querida 230
verás morta neste dia.

— Olha, olha!
Eis que sai da casa, e o marido com ela.

— Chora, lamenta, ó terra de Feras!
A melhor das mulheres se extingue em doença 235
junto a Hades ctônico, debaixo da terra!

---

⁹ O verso transmitido tem problemas textuais.
¹⁰ Os sinais < > marcam uma lacuna do texto. Essa marcação é constante em toda a tradução.

(*recitando*)
Nunca mais direi que o casamento alegra
mais do que consterna, julgo pelo que se passou
e vendo a sorte do rei — este que, desprovido   240
da excelente mulher, viverá,
pelo tempo que lhe resta, uma vida que não é vida.

SEGUNDO EPISÓDIO

(*Entram Alceste, apoiada por Admeto, seus dois filhos e servos.*)

ALCESTE (*cantando*)
Ó Sol e luz do dia,
redemoinhos celestiais de ágeis nuvens!   245

ADMETO
Ele olha a ti e a mim, que sofreram,
nada tendo feito aos deuses para que tu morresses.

ALCESTE (*cantando*)
Terra e teto
e leito nupcial da minha pátria Iolco![11]

ADMETO
Levanta-te, ó infeliz, não me abandones!   250
Roga aos deuses poderosos que tenham pena de ti.

ALCESTE (*cantando*)
Vejo, vejo o barco birreme
no lago. O barqueiro dos mortos,
Caronte, com a mão no poste,
já me chama: "Por que te demoras?   255

---
[11] Iolco, na Tessália, é a cidade natal de Alceste.

Apressa-te! Tu te atrasas."
Assim, apressado, me acelera.

ADMETO
Ai de mim! Amarga é esta viagem
de que falas. Ó desditosa, quanto sofremos!

ALCESTE (*cantando*)
Leva, leva-me alguém (não vês?)
para a corte dos falecidos,
Hades alado olhando   260
por debaixo de suas escuras sobrancelhas.
Que farás? Deixa-me! Que caminho
percorro eu, a mais infeliz!

ADMETO
Lastimável para os amigos, entre os quais mais a mim,
e às crianças, que deste sofrimento comungam.   265

ALCESTE (*cantando*)
Solta, solta-me já!
Inclinai-me, não tenho forças nos pés.
Próximo está Hades,
e a noite escura sobre meus olhos desliza.
Filhos, filhos, não mais, vossa mãe não mais existe. 270
Adeus, ó filhos, que sejais felizes e olheis a luz do sol.

ADMETO (*recitando*)
Ai de mim! Dolorosa de ouvir é esta palavra,
maior do que qualquer morte para mim.
Não sejas tão dura que me abandones, pelos deuses!,   275
e pelas crianças que farás órfãs:
levanta-te, coragem!
Se perecesses, não mais existiria eu.
Em ti vivemos ou morremos,
pois teu amor honramos.

ALCESTE
Admeto, já que vês como vão as coisas para mim, 280
quero dizer-te antes de morrer o que desejo.
Tendo honrado a ti mais do que à minha vida
e tendo feito tu veres esta luz do dia,
morro, sendo-me possível não morrer por ti,
mas ter um marido tessálio que quisesse 285
e habitar próspera casa de algum soberano.
Não quis viver separada de ti,
com crianças órfãs, e não poupei
a juventude, ainda que tenha o que me alegre.
E de fato o que te engendrou e a que te pariu te abandonaram, 290
mesmo que tivessem alcançado um ponto em que belamente
                                                   [poderiam morrer,
belamente salvar o filho e com glória morrer.
Pois tu eras filho único, e não havia esperança de que,
com tu morrendo, gerassem outros filhos.
E tu e eu viveríamos o resto de nossas vidas, 295
e tu, abandonado, não gemerias pela esposa,
nem cuidarias dos filhos órfãos. Mas algum dos deuses
fez com que assim fosse.
Que seja. Agora te lembra do favor que me tens.
Não pedirei o que vale 300
— já que não há nada mais valioso que a vida —,
mas o que é justo, como reconhecerás. Pois amas estes meninos
não menos do que eu, se realmente estás em bom juízo.
Faze-os senhores de minha casa
e não te cases nem dês a eles madrasta, 305
a qual, sendo inferior a mim, por inveja
lançará as mãos sobre os teus e meus filhos.
Não faças isso jamais, eu te imploro.
Pois a madrasta sucessora é inimiga de crianças
anteriores, não mais gentil do que uma víbora. 310
E um filho tem no pai grande fortaleza,
[a quem pode se dirigir e por quem pode ser abordado também,]
mas tu, ó filha minha, como passarás belamente por tua mocidade?

40

Como encontrarás essa união do teu pai?
Que ela não espalhe vergonhosa fama sobre ti 315
no ápice de tua juventude e destrua tuas bodas!
Pois tua mãe jamais te casará,
nem te encorajará no parto, filha,
estando presente, quando nada é mais benfazejo que uma mãe.
Pois eu devo morrer, e este mal me vem não amanhã, 320
nem depois, nem em um mês,
não, imediatamente serei contada entre os que não são mais.
Adeus! Sede felizes! E a ti, marido,
é possível gabar-se de ter tido a melhor das mulheres,
e a vós, crianças, a melhor das mães já geradas. 325

CORO
Confia! Por ele não temo falar.
Fá-lo-á, se de fato não está privado de juízo.

ADMETO
Assim será, não temas!, assim será. Quando vivias,
eras minha, e, morrendo, sozinha
serás chamada minha mulher, e nenhuma noiva tessália 330
jamais me chamará de marido em teu lugar
— pois não há mulher assim de pai tão nobre
nem tão distinta em beleza.
De filhos eu tenho o bastante; rezo aos deuses
que deles tenha benefício, pois de ti não nos beneficiamos. 355
Carregarei uma dor por ti não por um ano,
mas por quanto durar minha vida, mulher,
abominando aquela que me gerou, e odiando o meu pai,
pois em palavra eram amigos, não em ação.
Tu por mim deste o que era mais caro 340
e salvaste a minha vida. Não devo lamentar,
sendo privado de tal consorte?
Cessarei os festejos, e a companhia dos simposiastas,
e as guirlandas, e a música que antes preenchia minha casa.
Não mais tocarei a lira, 345

nem exaltarei meu coração ao cantar junto ao líbio aulo,
pois tiraste a alegria da minha vida.
Moldada por hábil mão, uma imagem parecida com a tua
será estendida no meu leito.
Cairei sobre ela e, tomando-a em meus braços 350
e chamando-a por teu querido nome,
imaginarei ter minha mulher, ainda que não a tenha.
Um frio prazer, eu sei, mas ainda assim aliviaria
o peso da minha vida. E por meus sonhos
vagando, alegrar-me-ias, pois também à noite 355
é agradável ver os amigos, pelo tempo que for possível.
Se eu tivesse a língua e a música de Orfeu,
de modo que a filha de Deméter ou o esposo dela
com hinos eu encantasse e do Hades te buscasse,
desceria então, e nem o cão de Plutão 360
nem o de sobre o remo, Caronte psicopompo,
me deteriam, antes que tua vida eu restituísse à luz.
Mas então lá me espera, quando morrer,
e prepara a casa, para viveres comigo.
Ordenarei a estas crianças que me ponham 365
no mesmo cedro que tu e me estendam contigo
lado a lado. E que nunca, nem morrendo,
eu seja separado de ti, a única que me foi fiel.

CORO
Contigo também carregarei por ela penosa dor,
como amigo a um amigo, pois é digna disso. 370

ALCESTE
Ó crianças, vós mesmos ouvistes isso:
vosso pai dizendo jamais se casar com outra mulher
e colocá-la acima de vós, nem me desonrar.

ADMETO
E o digo agora e cumpri-lo-ei.

ALCESTE
Nesses termos, recebe de minhas mãos estas crianças. 375

ADMETO
Recebo-as, caro presente de caras mãos.

ALCESTE
Sê agora mãe para estas crianças em meu lugar.

ADMETO
Grande é a necessidade, de ti desprovidos.

ALCESTE
Ó crianças! Quando deveria viver, parto para baixo.

ADMETO
Ai de mim! Que farei então, separado de ti? 380

ALCESTE
O tempo te aliviará; nada é o que está morto.

ADMETO
Leva-me contigo, pelos deuses!, leva-me para baixo.

ALCESTE
Basta que eu morra por ti.

ADMETO
Ó divindade, de que consorte me despojas!

ALCESTE
E agora uma escuridão nos olhos já me pesa. 385

ADMETO
Estou acabado então, se me deixas, ó mulher.

ALCESTE
Deves te dirigir a mim como a quem não mais existe.

ADMETO
Levanta a cabeça, não deixes teus filhos.

ALCESTE
Não por vontade própria; mas adeus, ó filhos.

ADMETO
Olha para eles, olha! 390

ALCESTE
Já não sou.

ADMETO
Que fazes? Abandonas-me?

ALCESTE
Adeus!

ADMETO
Estou acabado, infeliz de mim!

CORO
Partiu, já não existe mais a esposa de Admeto.

FILHO (*cantando*)
Ai de minha sorte! A mãe para baixo
partiu, não mais existe, ó pai, sob o sol, 395
deixou-me órfão, infeliz.
Vê seus olhos,
vê seus braços lânguidos.
Ouve, mãe, ouve, imploro! 400
Eu, eu te chamo, mãe,

teu passarinho,
caindo sobre tua boca.[12]

ADMETO
Não escuta, nem vê. Como eu,
também vós fostes atingidos por grave infortúnio. 405

FILHO (*cantando*)
Jovem sou deixado, pai, sozinho
sem a querida mãe. Oh! Cruéis lidas sofri,
que tu, irmã, também suportaste! 410
<   >
Ó pai,
em vão, em vão casaste, sem chegar à velhice
ao fim da juventude com ela,
pois antes pereceu. E estando morta, ó mãe,
acabada é a tua casa. 415

CORO
Admeto, é necessário suportar estes infortúnios;
pois não és o primeiro nem o último dos mortais
a perder uma nobre esposa.
Sabe que a morrer todos estão destinados.

ADMETO
Sei-o, e não inesperadamente me veio 420
este mal. Sabendo-o, há muito me afligia.
Mas, já que providenciarei o cortejo do corpo,
ficai aqui e esperando cantai
um peã sem libação ao deus ínfero.
A todos os tessálios que governo 425

---

[12] Há problemas textuais nessa estrofe.

eu digo que compartilhem o luto por esta mulher,
tosando os cabelos e vestindo negros peplos.
Vós que jungis quadrigas e poldros solitários,
cortai com o ferro a crina de vossos cavalos.
E que não haja nem som de aulo nem de lira   430
na cidade por doze luas cheias.
Pois não enterrarei nenhum outro mais amado
que ela, ou que tenha sido melhor para mim.
Digna é de minha honra, já que morreu por mim, e só ela o faria.

(*Saem Admeto, as crianças e o cortejo
que leva o corpo de Alceste.*)

SEGUNDO ESTÁSIMO

CORO (*cantando*)
Ó filha de Pélias,   435
sê feliz na mansão de Hades,
casa sem sol em que viverás.
Saibam Hades, o deus de coma escura,
e o velho que senta
sobre remo e leme,   440
condutor de cadáveres,
que levam a mulher mais nobre das nobres
através do lago Aqueronte,
no barco birreme.

Muitas vezes os servidores das Musas   445
cantar-te-ão na lira montanhesa de sete tons
a celebrar-te, e também nos hinos sem lira,
em Esparta, quando a estação cíclica
do mês Carneio chegar,
com a lua cheia   450
durante toda a noite,

na reluzente, próspera Atenas.[13][14]
Tal ritmo de canções
morrendo deixaste aos cantores.

Se apenas estivesse em meu poder 455
conduzir-te à luz,
das câmaras do Hades
e das correntes do Cócito,
a remo pelos rios ínferos![15]
Pois só tu, querida entre as mulheres, 460
te atreveste a trocar tua própria vida
pela do marido, salvando-o
do Hades. Leve caia a terra
sobre ti, mulher. E se novas núpcias
contrair teu marido, então maximamente,
por mim, ao menos, será ele odiado
e por teus filhos. 465

Não quis a mãe
pelo filho esconder na terra
seu corpo, nem o pai idoso,
<   >
geraram-no, mas não ousaram salvá-lo,
inflexíveis, ainda que de brancos cabelos. 470
Mas tu, na mocidade,
morres por este jovem homem.
Ah, se tão amável esposa
eu encontrasse — pois na vida
esse é raro lote —, que sem sofrimento

---

[13] Literalmente, o verso 446 diz: "cantar-te-ão na tartaruga montanhesa de sete tons". O hino homérico a Hermes conta como o deus fez a primeira lira esticando cordas no casco de uma tartaruga que vivia nas montanhas.
[14] Em Esparta, no mês Carneio, era celebrado o Festival de Carneia, em honra ao deus Apolo.
[15] O Cócito, no Hades, era o rio das lamentações (*kokytós*, em grego, quer dizer "lamentoso").

ela então ficasse comigo 475
por toda a vida.

TERCEIRO EPISÓDIO

(*Entra Héracles.*)

HÉRACLES
Estrangeiros, habitantes desta terra de Feras,
porventura Admeto encontro em casa?

CORO
Está em casa o filho de Feres, Héracles.
Mas diz que serviço te traz à terra tessália,
aproximando-te da cidade de Feras. 480

HÉRACLES
Faço um trabalho para um certo Euristeu de Tirinto.

CORO
E para onde vais? A qual curso errante estás preso?

HÉRACLES
Estou atrás da quadriga do trácio Diomedes.

CORO
Como a conseguirás? Não conheces o anfitrião?

HÉRACLES
Não. Jamais fui ao país dos bistões. 485

CORO
É impossível que sem lutar tu domines esses cavalos.

HÉRACLES
Mas também não me é possível recusar esses trabalhos.

CORO
Matando então retornarás, ou morrendo lá ficarás.

HÉRACLES
Não será a primeira vez em que participarei de uma tal disputa.

CORO
O que ganharás derrotando esse soberano?   490

HÉRACLES
Levarei de volta os cavalos ao rei de Tirinto.

CORO
Não será fácil colocar a brida em suas mandíbulas.

HÉRACLES
Se é verdade que não exalam fogo das narinas.

CORO
Mas despedaçam homens com as ágeis mandíbulas.

HÉRACLES
De feras montanhesas e seu pasto falas, não de cavalos.   495

CORO
As manjedouras verás manchadas de sangue.

HÉRACLES
E filhos de quem aquele que os criou alardeia serem eles?

CORO
De Ares, rei do escudo trácio, rico em ouro.

HÉRACLES
Também é do meu fado esse trabalho de que falas
(pois ele é sempre difícil e caminha ladeira acima), 500
se me é necessário unir-me em batalha
aos filhos gerados por Ares — primeiro Licaonte,
em seguida Cicno —, nesse terceiro combate então
vou entrar contra os cavalos e seu senhor.[16]
Mas jamais haverá quem veja 505
o rebento de Alcmena fugir à mão inimiga.

(*Entra Admeto enlutado.*)

CORO
E eis que vem ele, rei desta terra:
Admeto desponta do palácio.

ADMETO
Felicidades, filho de Zeus e sangue de Perseu.[17]

HÉRACLES
Felicidades a ti também, Admeto, senhor da Tessália. 510

ADMETO
Queria eu... Bem sei que és benévolo.

HÉRACLES
Por que te vejo com os cabelos raspados em luto?

ADMETO
Um morto enterrarei neste dia.

HÉRACLES
Que um deus previna teus filhos de sofrimento!

---

[16] Licaonte e Cicno foram dois filhos de Ares combatidos por Héracles.
[17] Perseu era bisavô de Héracles por parte de mãe.

ADMETO
Vivem na casa os filhos que gerei.   515

HÉRACLES
Teu pai ao menos é idoso, se de fato faleceu.

ADMETO
Ele é vivo, e também minha mãe, Héracles.

HÉRACLES
Mas certamente não morreu tua esposa Alceste?

ADMETO
Dupla é a história que tenho para contar sobre ela.

HÉRACLES
Dizes que morreu, ou que ainda é viva?   520

ADMETO
Ela existe e não mais existe, dói-me dizer.

HÉRACLES
Não sei de mais nada. Obscuro é o que dizes.

ADMETO
Não sabes que destino a obriga?

HÉRACLES
Sei, por ti submeteu-se à morte.

ADMETO
Como então ainda está viva, se de fato aquiesceu a isso?   525

HÉRACLES
Ah, não chores antecipadamente pela esposa! Deixa para depois!

ADMETO
O que está para morrer já é morto, e assim sendo já não existe mais.

HÉRACLES
Separadamente considera-se o ser e o não ser.

ADMETO
De um modo julgas tu, Héracles, mas eu de outro.

HÉRACLES
Por que então choras? Qual dos parentes morreu? 530

ADMETO
Uma mulher. Lembrávamos agora mesmo de uma mulher.

HÉRACLES
Uma estrangeira ou uma parente?

ADMETO
Uma estrangeira; era, no entanto, indispensável à casa.

HÉRACLES
Como então perdeu a vida em tua casa?

ADMETO
Quando morreu seu pai, aqui foi criada como órfã. 535

HÉRACLES
Oh, que pena!
Se apenas tivesse te encontrado, Admeto, sem luto!

ADMETO
Que pretendes com este discurso que costuras?

HÉRACLES
Andarei para o lar de outro anfitrião.

ADMETO
Isso não, meu senhor! Que tal mal nunca ocorra!

HÉRACLES
Importuno aos enlutados é um hóspede, se vier. 540

ADMETO
Os que morreram estão mortos. Vai ao palácio!

HÉRACLES
Vergonhoso é para os hóspedes banquetear-se junto aos que choram.

ADMETO
Separados são os aposentados de hóspedes para onde te conduziremos.

HÉRACLES
Deixa-me ir e terei por ti imensa gratidão.

ADMETO
Não podes ir para a casa de outro homem. 545
Tu aí, leva-o e abre para ele os aposentos de hóspedes
fora do alcance da vista, e diz aos encarregados
para dispor de comida abundante, e fecha bem
as portas para os pátios internos. Não convém aos comensais
ouvir lamentos, ou aos hóspedes se afligirem. 550

(*Saem Héracles e o servo.*)

CORO
Que fazes? Diante de tamanho infortúnio,
Admeto, ousas receber hóspedes? Estás louco?

ADMETO
Mas então se o expulsasse do palácio e da cidade,
ele que veio como hóspede, mais me louvarias?
Certamente não, já que meu infortúnio não se tornaria 555

nada menor, e não hospitaleiro eu seria.
Somado a meus males, mais um mal isso seria:
ter minha casa chamada de odeia-hóspedes.
Eu mesmo encontro o melhor anfitrião,
sempre que vou à sedenta terra de Argos. 560

CORO
Como então escondeste o presente fado,
quando chega um homem que é amigo, como tu mesmo dizes?

ADMETO
Jamais quereria entrar na minha casa,
se soubesse algo dos meus pesares.
E imagino que, assim agindo, sou considerado insensato, 565
e que não me elogiarão; mas minha morada desconhece
o que é repelir ou desonrar estrangeiros.

(Sai Admeto.)

TERCEIRO ESTÁSIMO

CORO (*cantando*)
Ó casa sempre tão hospitaleira
e de homem livre,
em ti Apolo pítio de bela lira 570
dignou-se a viver,
e suportou como pastor servir
em teus pastos,
tocando pastorais cantos nupciais
aos rebanhos teus
junto às oblíquas encostas. 575

Pelo prazer das canções, ao rebanho se uniram linces malhados,
e, deixando o vale do Ótris,
surgiu um fulvo bando de leões; 580

ao redor de tua cítara, também dançou,
ó Febo, o cervo sarapintado,
passando além do frondoso pinho, 585
com leve calcanhar,
alegrando-se com a leda canção.¹⁸

Por isso habita lar
de muitíssimos rebanhos junto ao lago bébio
de belo curso. Estabelece o céu dos molóssios, 590
junto ao escuro estábulo do sol,
como limite de seus férteis campos
e planícies,
e governa o mar Egeu 595
até o inóspito promontório de Pélion.¹⁹

E agora, tendo aberto sua casa,
de olhos úmidos recebe hóspede,
chorando o cadáver da esposa querida,
recém-morta na casa; pois a nobreza 600
deixa-se levar pela reverência.
Nos de origem nobre, tudo há
— admira-me a sabedoria!
Na minha alma está assentada a confiança
de que o homem temente a deus terá bom êxito. 605

QUARTO EPISÓDIO

(Entram Admeto e o cortejo fúnebre de Alceste.)

ADMETO
Gentil presença de homens de Feras,

---

¹⁸ O Ótris era um monte no sul da Tessália.
¹⁹ A estrofe tem problemas textuais severos, e o sentido da tradução tenta recuperar uma leitura possível, que faz referência à vastidão do reino de Admeto.

tudo providenciando, os servos já trazem o corpo
erguido para funeral e pira,
e vós, como de costume, falai à falecida
que sai em sua última jornada. 610

(*Entra Feres.*)

CORO
Mas eis que vejo teu pai, marchando
sobre pés idosos, e servos trazendo nas mãos
adorno à tua esposa, oferenda aos ínferos.

FERES
Venho em solidariedade a teus males, ó filho.
De mulher nobre — ninguém o negará — e também sensata 615
foste privado. No entanto, suportá-lo
é forçoso, ainda que difícil.
Aceita este adorno e deixa-o ir para debaixo da terra.
É necessário honrar o corpo dela,
que morreu por ti, filho, 620
e não me deixou sem descendência, nem permitiu
que, privado de ti, eu definhasse em luto;
e fez a vida ser mais gloriosa a todas as mulheres,
ao ousar este nobre ato.
Ó tu que o salvaste, tu que nos levantaste 625
quando caídos estávamos, adeus!
Que, nas mansões do Hades, tudo vá bem para ti! Digo que núpcias tais
vantajosas são para os mortais; de outro modo não vale a pena casar.

ADMETO
Por mim não foste convidado a este funeral,
e não conto tua presença entre os amigos. 630
Teu adorno ela jamais usará,
pois sem precisar de nada de ti ela será enterrada.
Deverias ter sofrido comigo, quando eu morria;
mas, após ficar à parte e deixar que alguém jovem morresse,

ainda que fosses velho, irás lamentar agora a morta? 635
Certamente não foste pai deste meu corpo,
nem me pariu aquela que afirma e se conhece
por minha mãe, mas feito de sangue servil,
às escondidas, fui posto sob o seio de tua mulher!
Quando posto à prova, revelaste quem és, 640
e não acredito que fui gerado filho teu.
Sim, em covardia ultrapassas a todos,
tu, que em tal idade, e próximo ao fim da vida,
não quis e não teve coragem de morrer
pelo teu filho, mas consentiste que esta mulher 645
que não é parente o fizesse; somente a ela eu
com justiça consideraria como mãe e pai.
Por certo, bela seria essa luta que lutarias
morrendo por teu filho, e curto era,
em todo caso, teu tempo restante de vida. 650
[E eu e ela viveríamos nosso tempo restante,
e, sozinho, não lamentaria os meus males.][20]
Ademais, vivenciaste tudo quanto um homem feliz
deve vivenciar: foste rei na flor da juventude,
e eu era teu filho sucessor na tua casa, 655
de modo que não iria morrer sem prole,
deixando a casa órfã para ser pilhada.
Certamente não dirás que por eu desonrar
tua velhice abandonaste-me à morte,
uma vez que te fui respeitoso ao máximo. 660
E esta é a gratidão com que tu e minha mãe me pagam!
Pois bem! Não serias apressado em gerar novos filhos
que cuidem de ti na velhice e que, quando morreres,
vistam e exponham teu corpo!
Pois eu mesmo, com minhas mãos, não te enterrarei!, 665
pois, por tua parte, estou morto. Se por encontrar
um outro salvador ainda vejo a luz do dia,

---

[20] Os versos 651-652, quase idênticos aos versos 295-296, são considerados como interpolação pelos editores.

dele digo ser filho e amoroso amparo na velhice!
Em vão rogam os velhos pela morte,
censurando a velhice e o longo tempo de vida.　　　　　670
Quando a morte se aproxima, ninguém deseja
morrer, e a velhice já não lhes é um fardo.

CORO
Para! Já basta o presente infortúnio!
Ó filho, não provoques o espírito do teu pai!

FERES
Ó filho, que lídio ou frígio comprado　　　　　675
com teu dinheiro tu pensas que atacas com insultos?
Não sabes que sou um tessálio livre,
legitimamente gerado de pai tessálio?
És insolente demais e não vais escapar assim,
atingindo-me com palavras juvenis que lanças.　　　　　680
Eu te gerei e criei para ser senhor desta casa,
mas não tenho obrigação de morrer por ti.
Não recebi nenhuma lei dos antepassados,
de que os pais devam morrer pelos filhos — nem é grega.
Por ti mesmo és fortunado ou infortunado,　　　　　685
e o que deverias ter de mim tu tens.
Sobre muitos governas, e muitas terras
deixarei, pois do meu pai recebi o mesmo.
Como então te fui injusto? Do que te privo?
Não morras por mim, e eu não morrerei por ti.　　　　　690
Tu te alegras de ver a luz, não pensas que também se alegra teu pai?
De fato, calculo como muito longo o tempo lá embaixo,
e curto o de vida, mas doce, ainda assim.
Tu, em todo caso, desavergonhadamente lutaste para não morrer
e vives transgredindo o destino designado,　　　　　695
tendo a ela matado. E então da minha covardia
falas, ó celerado, tu sobrepujado por uma mulher,
que morreu pelo belo jovem que és?
Astutamente descobriste como nunca morrer,

se persuadires sempre a mulher atual 700
a morrer por ti! E então reprovas os parentes
que não o queiram fazer, quando tu mesmo és vil.
Cala-te! E considera que, se tu amas tua vida,
todos também amam. E se nos insultares,
ouvirás muitos insultos, e não dos falsos! 705

CORO
Muitos insultos foram ditos, agora e antes.
Para, ó ancião, de injuriar teu filho.

ADMETO
Fala, pois eu mesmo falei. Mas se te dói
ouvir a verdade, não deverias me fazer injustiça.

FERES
Morrendo por ti, cometeria maior injustiça. 710

ADMETO
É o mesmo morrer um velho e um homem jovem?

FERES
De viver uma vida, não duas, temos obrigação.

ADMETO
Que vivas então mais tempo do que Zeus!

FERES
Imprecas contra os genitores, sem ter sofrido nenhuma injustiça?

ADMETO
Pois percebo que desejas uma longa vida. 715

FERES
Mas não sepultas tu este corpo em lugar do teu?

ADMETO
Símbolo de tua covardia, ó celerado.

FERES
Não foi por nós, ao menos, que ela morreu. Não o dirás!

ADMETO
Ah!
Se me vieres por alguma necessidade um dia!

FERES
Casa-te com muitas para que morram mais outras.　　　　720

ADMETO
É tua esta censura, pois não quiseste morrer.

FERES
Amiga, amiga é esta divina luz do dia.

ADMETO
Teu espírito é vil, e não de homem.

FERES
Não rirás do velho ao carregares meu corpo.

ADMETO
Morrerás, todavia, inglório, quando quer que morras.　　　　725

FERES
Não me importará ouvir infâmias, estando eu morto.

ADMETO
Ah, a velhice! Como é plena de impudência!

FERES
Esta aqui não era impudente, mas a descobriste irracional.

ADMETO
Parte! E deixa-me sepultar este corpo.

FERES
Parto, mas irás sepultá-la como seu assassino,   730
e ainda pagarás a pena aos contraparentes.
Podes ter certeza: Acasto não mais será contado entre os homens,
se não vingar de ti o sangue de sua irmã.

ADMETO
Fora já! Tu e aquela com que vives!
Envelhecei sem filhos, ainda que esteja vivo o filho,   735
pois vós o mereceis! Pois não mais retornas
ao mesmo teto que eu! Se pudesse renunciar
por arauto ao lar paterno, renunciaria.

(*Sai Feres.*)

Mas já que devemos suportar este infortúnio,
andemos para colocar o corpo na pira.   740

CORO (*cantando*)
Ai, ai! Que obstinada bravura!
Ó tu, ilustre e nobre,
adeus! Que benevolente te recebam
Hermes ctônico e Hades! E se lá existir
alguma vantagem aos bons, que tu a compartilhes,   745
servindo à noiva de Hades.

(*Saem todos.*)
(*Entra um servo.*)

SERVO
Muitos hóspedes de todas as espécies de país
já vi chegarem à casa de Admeto,
para os quais servi jantar — mas jamais recebi

pior hóspede neste lar! 750
Este que primeiro, mesmo vendo que meu senhor sofria,
ousou atravessar os portões e adentrou.
E então não moderadamente aceitou ele
a hospitalidade encontrada, sabendo das circunstâncias,
mas, se não lhe trazíamos algo, apressava-nos a trazê-lo. 755
Tomando nas mãos taça talhada em hera,
bebe vinho da mãe negra sem mistura
até que a chama circundante o esquente.
E coroa sua cabeça com ramos de mirto,
latindo sem harmonia. Duas canções havia: 760
de um lado, cantava ele, em nada se preocupando
com os males de Admeto; de outro, nós, criados,
chorávamos nossa ama, mas sem mostrar ao hóspede
nossos olhos molhados, pois Admeto assim o ordenou.
E agora eu, no palácio, sirvo banquete 765
ao hóspede, ladrão capaz de tudo e gatuno;
enquanto ela partiu desta casa, e eu não pude segui-la,
nem estender-lhe a mão, lamentando minha ama,
que para mim e para todos os criados foi
uma mãe, pois ela nos protegia de muitos males, 770
acalmando a cólera do marido. Então não odiarei
com justiça este hóspede, que chegou em meio a infelicidades?

(*Entra Héracles.*)

HÉRACLES
Tu aí, por que tens ar tão solene e preocupado?
O servo não deve parecer soturno aos hóspedes,
mas receber com espírito cortês. 775
Tu, porem, vendo presente um companheiro de teu senhor,
de rosto taciturno e cenho franzido
o recebe, com atenção a aflições exteriores.
Vem para cá para que te tornes mais esperto.
Não sabe que natureza têm os negócios mortais? 780
Penso que não, pois como saberia? Então escuta-me.

De todos os mortais morrer é obrigação,
e não há algum mortal que saiba
se viverá no dia seguinte.
Obscuro é por onde caminha a fortuna, 785
e não se a ensina, ou se entende por arte.
Após ouvir, então, e aprender isso de mim,
alegra-te, bebe, considera tua vida
dia a dia — o resto pertence à sorte.
Honra Cípris o mais possível como a mais prazerosa 790
aos mortais de todos os deuses, pois gentil é a deusa.
Deixa de lado todo o resto e nas minhas palavras
confia, se de fato te pareço falar corretamente.
Penso que sim. Então, abandonando a dor excessiva, 795
não beberás conosco [superando esta sorte e
cobrindo-te de guirlandas]? Pois bem sei
que o balanço do copo, quando te atingir,
mover-te-á deste espírito soturno e retraído.
Como mortais, é preciso que tenhamos em mente ideias mortais.
A todos os solenes e de cenho franzido, 800
ao menos a meu julgamento,
a vida não é verdadeiramente vida, mas infelicidade.

SERVO
Sabemos disso. Mas agora suportamos
coisas tais que não são dignas de festa e riso.

HÉRACLES
Mas é forasteira a mulher que morreu. 805
Não sofras demais, pois vivem os senhores da casa.

SERVO
Como vivem? Não sabes dos males da casa?

HÉRACLES
Sei, se não me enganou teu senhor.

SERVO
Demasiado, demasiado hospitaleiro ele é.

HÉRACLES
Deveria eu não ser bem tratado por causa de um estrangeiro morto? 810

SERVO
Com toda a certeza, não era ela estrangeira.

HÉRACLES
Será que há alguma infelicidade que não me revelou?

SERVO
Vai tranquilo! Os males de nossos amos são preocupação *nossa*.

HÉRACLES
Este discurso não surge de aflições exteriores.

SERVO
Não, pois então não irritaria ver-te festejar. 815

HÉRACLES
Mas então padeci o terrível pelas mãos de meu anfitrião?

SERVO
Não vieste em momento oportuno para ser recebido pela casa.
[Pois luto carregamos agora, e vês cabeças raspadas
e peplos negros. HÉRACLES. E quem morreu?]

<HÉRACLES.>
Certamente não partiu uma das crianças, ou o velho pai?[21] 820

---

[21] Os versos 818-819 são suspeitos pela gramática e por interromperem a esticomitia (o diálogo em versos alternados). Em consequência, adiciona-se o chevron < > para marcar o começo da fala de Héracles depois do trecho deletado.

SERVO
A esposa de Admeto morreu, ó estrangeiro.

HÉRACLES
Que dizes? E mesmo assim recebeu-me como hóspede?

SERVO
Pois teve pudor de afugentá-lo desta casa.

HÉRACLES
Ó infeliz! De qual consorte foste privado!

SERVO
Morremos todos, não apenas ela.   825

HÉRACLES
Percebi algo vendo olhos chorosos,
cabeça raspada e rosto. Mas convenceu-me
dizendo levar para o funeral uma forasteira.
Em violência a meu espírito, ultrapassei estes portões
e bebi em casa de homem hospitaleiro,   830
que assim sofria. E ainda assim festejo, a cabeça
de guirlandas coberta? Mas foste tu que não me disseste
que males tamanhos na casa se estendiam!
Onde ele a sepulta? Onde irei para encontrá-lo?

SERVO
Reto no caminho que leva a Larissa,   835
verás um túmulo polido nas cercanias da cidade.

HÉRACLES
Ó coração que tanto suportou, e braço meu,
agora mostra qual filho a tiríntia Alcmena,
filha de Electrião, gerou de Zeus.
Devo salvar a mulher que acaba de morrer   840
e trazê-la de volta para casa

para prestar favor a Admeto.
Indo ao senhor dos defuntos de negra asa,
a Morte vigiarei; espero encontrá-la
bebendo dos sacrifícios junto ao túmulo. 845
E se eu correr do meu lugar de espreita
e segurá-la, circundando-a em meus braços,
não haverá quem a solte,
os pulmões sofrendo-lhe, antes que me liberte a mulher.
E se eu perder essa presa e ela não vier 850
para junto da sangrenta libação, irei para baixo
rumo à morada sem sol de Cora e seu senhor,
e pedirei, e estou convencido de que trarei de volta para cima
Alceste, para colocá-la às mãos do meu anfitrião,
que me recebe em casa e não me repeliu, 855
mesmo atingido por pesado infortúnio;
escondeu-me por ser nobre e por me reverenciar.
Quem dentre os tessálios é mais hospitaleiro,
quem de todas as casas helênicas? Pois então ele não dirá
que, sendo nobre, foi gentil a um homem mau. 860

(*Sai Héracles. Entram Admeto e o coro.*)

ADMETO (*recitando*)
Ai!
Odiosa aproximação!
Odiosa visão
da casa enviuvada!
Ai de mim! Ai, ai, ai!
Para onde vou? Onde fico? O que digo? E o que não?
Como posso morrer?
Para um pesado destino a mãe me gerou. 865
Invejo os finados, anseio por eles,
desejo habitar sua casa.
Pois não mais me alegro em ver os raios do sol,
nem em andar a pé pela terra.

Despojando-me de uma tal refém, 870
para Hades Morte a entregou.

CORO (*cantando*)
Avança, avança, vai ao recôndito da casa.

ADMETO
Ai, ai!

CORO
(*cantando*)
Padeces coisas dignas de lamentos.

ADMETO
Ui, ui!

CORO (*cantando*)
Por pesares passaste, bem o sei!

ADMETO
Ai de mim!

CORO (*cantando*)
Em nada ajudas a ínfera. 875

ADMETO
Ai de mim, ai!

CORO (*cantando*)
Não mais olhar para o amado rosto
da esposa é doloroso.

ADMETO (*recitando*)
Lembras o que dilacera meu coração!
Que maior mal a um homem há
do que perder a esposa fiel? Que sem nunca ter casado 880

eu tivesse vivido com ela na casa!
Invejo os solteiros e sem filhos dentre os mortais,
pois uma só vida pela qual se sofra
é fardo bastante.
Mas ver a doença de um filho e o leito conjugal 885
saqueado pela morte
não dá para aguentar, quando é possível ser solteiro
e sem filhos por todo o sempre.

CORO (*cantando*)
Sorte, sorte difícil de combater te chegou.

ADMETO
Ai, ai!

CORO (*cantando*)
Mas nenhum limite pões às aflições. 890

ADMETO
Ui, ui!

CORO (*cantando*)
Sim, é pesado para suportar, ainda assim...

ADMETO
Ai de mim!

CORO (*cantando*)
...aguenta! Não és o primeiro que perdeste...

ADMETO
Ai de mim, ai!

CORO (*cantando*)
...a esposa. Diversos infortúnios aparecem
e oprimem mortais diversos.

ADMETO (*recitando*)
Ó grande dor e sofrimento pelas pessoas queridas	895
debaixo da terra!
Por que me impediste de me lançar
à oca vala do túmulo e com ela
morto jazer — com ela, de longe a melhor?
Duas almas, em vez de uma, Hades	890
teria unidas, as mais leais, juntas
cruzando o lago ctônico.

CORO (*cantando*)
Na minha família,
houve alguém cujo garoto
digno de trenos pereceu em casa	895
de filho único; contudo,
suportou o mal na medida,
mesmo não tendo filhos
e já estando, de cabelos grisalhos,	910
propenso ao fim da vida.

ADMETO (*recitando*)
Ó figura da minha casa, como entrarei,
como viverei, transmudada
a sorte? Ai de mim! Muito houve no intervalo.
No passado, entre tochas do monte Pélion,	915
entre cantos nupciais, caminhei,
segurando a mão da minha querida esposa,
e cortejo altissonante nos seguia,
proclamando prosperidade à morta e a mim,
que éramos esposos bem-nascidos,	920
gerados de nobres por ambos os lados;
mas agora um lamento rivaliza com os cantos nupciais,
e vestes negras, em vez dos peplos brancos,
levam-me para dentro,
ao meu leito vazio.	925

CORO (*cantando*)
Em meio à tua afortunada sorte,
veio-te esta dor,
a ti, inexperiente de males, mas salvaste
tua vida e tua alma.
Morreu-te a esposa, deixou o amor: 930
que há de novo nisso? Muitos
a morte já separou
da esposa.

ADMETO
Amigos, considero a sorte de minha mulher 935
muito mais afortunada que a minha, ainda que não o pareça.
Pois nenhuma dor lhe tocará novamente,
mas, gloriosa, acabou com muitas fadigas.
E eu, que não deveria viver, escapei ao destinado
e levarei vida penosa — há um instante o percebo. 940
Pois como suportarei entrar nesta casa?
A quem respondendo, sendo por quem perguntado,
encontrarei prazer ao entrar? Para onde me dirigirei?
A solidão lá dentro me expulsará,
quando olhar para o leito vazio da minha mulher 945
e para as cadeiras em que se sentava e para o chão não lavado
pela casa, e quando o filho cair entre os joelhos
e chorar pela mãe, e os servos lamentarem
uma tal senhora que perderam do palácio.
Assim será na casa. Mas do exterior 950
casamentos e reuniões dos tessálios, repletos de mulheres,
lançar-me-ão para dentro; pois não suportarei
olhar para as coetâneas da minha esposa.
E dirá alguém que me seja hostil:
"Olha aquele que vergonhosamente vive, que não ousou morrer; 955
dando em troca a mulher, por covardia,
escapou ao Hades. E então aparenta ser homem?
E odeia os pais, embora ele mesmo não quisesse
morrer." Além dos males tal reputação terei.

Por que então, amigos, me é honroso viver, 960
ouvindo ignomínias e suportando ignomínias?

QUARTO ESTÁSIMO

CORO (*cantando*)
Entre as canções me movi
e nas alturas do céu;
tendo ouvido muitos discursos,
nenhum mais forte do que a Necessidade 965
eu encontrei, nem nenhum remédio
nas tabuinhas trácias,
aquelas inscritas pela voz
de Orfeu, nem em quantos remédios
Febo deu aos asclepíades 970
cortando-os como antídoto
para os mortais de muitas dores.[22]

E apenas dessa deusa
não há altares para ir ou estátuas:
ela não atende sacrifícios. 975
Que não me venhas, senhora,
maior do que antes vieste na vida!
Pois aquilo a que Zeus assente,
contigo ele o cumpre.
Mesmo o aço entre os cálibes 980
tu subjugas com tua força,
e não há nenhum pudor
em tua severa vontade.[23]

---

[22] Orfeu foi o fundador mítico de uma religião de mistérios conhecida como Orfismo, que incluía entre seus preceitos a crença na reencarnação da alma. "Asclepíades" equivale a "filhos de Asclépio" e refere-se aos médicos.

[23] Os cálibes viviam no sul do Mar Negro e eram tradicionalmente conhecidos pelo seu trabalho com o aço.

E a ti a deusa apanhou em inescapáveis laços.　　　　　　985
Coragem! Pois chorando jamais trarás para cima
os mortos de lá debaixo.
Mesmo os filhos dos deuses
perecem na escuridão da morte.　　　　　　　　　　　　990
Amada era quando entre nós,
amada será ainda, mesmo morta,
a mais nobre de todas,
que tu em teu leito desposaste.

Não deixes o túmulo de tua mulher ser considerado　　　995
um amontoado de terra dos mortos, mas que seja honrado
como os deuses o são, objeto de veneração aos viajantes.
E alguém que o inclinado caminho　　　　　　　　　　1000
suba isto dirá:
"Esta aqui um dia morreu pelo marido
e agora é um espírito bem-aventurado.
Saudações, ó senhora! Que o bem concedas!"
Com tais palavras saudá-la-ão.　　　　　　　　　　　　1005

ÊXODO

(Entra Héracles acompanhado de uma mulher,
cujo rosto está coberto por um véu.)

CORO
E eis, ao que parece, o filho de Alcmena.
Ele caminha em direção à tua casa, Admeto.

HÉRACLES
A um amigo é preciso falar livremente,
Admeto, e não carregar no peito censuras
calando-se. E eu achava certo, estando junto a ti　　　1010
em teus males, provar-me teu amigo.
Mas tu não me disseste que o corpo estendido

era de tua mulher, em vez disso, na casa me recebeste,
como se atentasse a sofrimento externo.
E eu coroei a cabeça e aos deuses verti libações   1015
em tua casa de infortúnios.
Eu te culpo, sim, te culpo por eu ter passado por isso;
mas certamente não quero afligi-lo em teus males.
Por que dei a volta e vim para cá de novo
dir-te-ei: pega esta mulher e a mantém a salvo para mim,   1020
até que eu volte para cá trazendo os cavalos trácios,
após matar o rei dos bistões.
Mas, se me ocorrer o que oxalá não me aconteça (pois que eu retorne!),
dou-te esta mulher para que sirva em tua casa.
Com muita fadiga, chegou às minhas mãos,   1025
pois encontrei quem realizasse jogos
públicos, trabalho digno de campeões,
de onde a trago como prêmio de vitória.
Os que ganharam as provas menores
levaram cavalos, e os que ganharam   1030
as maiores, pugilato e luva livre, rebanho de bois,
e a mulher veio com eles. Tendo o encontrado,
seria uma vergonha deixar passar este ganho glorioso.
Mas, como disse, é preciso que cuides desta mulher,
pois não é roubada, mas trazida com esforço.   1035
Com o tempo, também tu me louvarás, talvez.

ADMETO
Certamente, não para desonrá-lo ou colocá-lo em posição infame
escondi a sorte da minha infeliz mulher.
Mas é que seria pesar acrescido a pesar,
se tu partisses para outra casa anfitriã.   1040
Bastava-me chorar meu mal.
Mas quanto à mulher, se for possível, eu te peço, senhor:
exorta algum outro tessálio a mantê-la,
um que não tenha sofrido o que sofri. Muitos amigos
hospitaleiros tens em Feras. Não me recordes os males.   1045
Não seria capaz, vendo-a na casa,

de não chorar. Não imponhas doença
ao doente. Já sou oprimido o bastante pelas circunstâncias.
E onde na casa se manteria uma jovem mulher?
Pois é jovem, como se vê pela roupa e adorno.　　　　　1050
Viverá então sob o mesmo teto que os homens?
E como se manteria inviolada, circulando
entre os jovens? Aos púberes, Héracles, não é fácil
conter. Por ti tenho cautela.
Ou adentro o tálamo da falecida e a mantenho lá?　　　　1055
E como levarei esta mulher ao leito daquela?
Dupla censura temo: dos cidadãos,
— que não me acusem de trair minha benfeitora,
caindo na cama de outra jovem —
e da morta (digna de minha reverência).　　　　　　　　1060
É preciso que eu tenha prudência. Tu, ó mulher,
quem quer que sejas tu, fica sabendo que tens a mesma forma
e tamanho de Alceste. Pareces com ela em talhe.
Ai de mim! Leva da minha vista, pelos deuses!,
esta mulher; não venças o já vencido.　　　　　　　　　1065
Pois olhando para esta mulher penso ver
a minha. Perturba-se-me o coração, dos olhos
jorram correntezas. Ah, infeliz de mim,
que agora experimento o amargo dessa dor!

CORO
Eu não teria como falar bem desta sorte,　　　　　　　　1070
mas é preciso, seja qual for, aceitar dos deuses o quinhão.

HÉRACLES
Ah, se tivesse força tamanha para trazer
à luz, da mansão dos ínferos, a tua mulher
e realizar este favor para ti!

ADMETO
Bem o sei que gostarias. Mas a que leva isso?　　　　　1075
Não é possível aos mortos voltar para a luz.

HÉRACLES
Não te excedas, mas leva como convém.

ADMETO
Mais fácil é aconselhar do que aceitar quando sofres.

HÉRACLES
Mas que progresso fazes, se queres sempre se lamentar?

ADMETO
Sei-o eu mesmo, mas uma paixão me guia.   1080

HÉRACLES
Pois amar os mortos leva às lágrimas.

ADMETO
Destruiu-me ainda mais do que posso dizer.

HÉRACLES
Perdeste uma nobre mulher; quem o negará?

ADMETO
De modo que este homem não mais se alegra na vida.

HÉRACLES
O tempo amaciará tua dor; agora ainda é densa.   1085

ADMETO
Podes falar que o tempo sim, se tempo é morte.

HÉRACLES
Uma mulher e novas núpcias cessarão teu anseio.

ADMETO
Cala-te! Que falas? Jamais o cogitaria.

HÉRACLES
Mas o quê? Então não casarás e ficarás viúvo?

ADMETO
Não há mulher que se deitará comigo. 1090

HÉRACLES
E esperas ser útil à morta de alguma maneira?

ADMETO
Onde quer que esteja, é preciso honrá-la.

HÉRACLES
Elogio-te, sim, te elogio; mas incorres em loucura.

[ADMETO
Que nunca mais chamem este homem de noivo.

HÉRACLES
Louvo-te por seres amigo fiel à tua esposa.]²⁴ 1095

ADMETO
Que eu morra se a trair, mesmo estando morta.

HÉRACLES
Recebe-a agora em tua nobre casa.

ADMETO
Não, suplico-te por Zeus que te gerou.

HÉRACLES
Na verdade, cometes um erro, se não o fizeres.

---

²⁴ Os versos entre colchetes são considerados suspeitos tanto por dificuldades gramaticais quanto pelo seu sentido.

ADMETO
E, fazendo-o, meu coração será despedaçado pela dor. 1100

HÉRACLES
Confia: talvez este favor te seja conveniente.

ADMETO
Ai de mim!
Oxalá nunca tivesses a levado do concurso!

HÉRACLES
Tendo eu vencido, certamente compartilhas da minha vitória.

ADMETO
Falaste bem; mas que ela parta!

HÉRACLES
Ela vai, se necessário. Mas primeiro olha se é preciso. 1105

ADMETO
É preciso, a menos que te encolerizes contra mim.

HÉRACLES
Porque sei de algo, tenho este empenho.

ADMETO
Vences então. Mas o que fazes realmente não me apraz.

HÉRACLES
Uma hora me agradecerás por isso; apenas confia.

ADMETO (*Aos servos*)
Conduzi-a, se é preciso recebê-la na casa. 1110

HÉRACLES
Eu não deixaria esta mulher aos teus servos.

ADMETO
Tu mesmo a dirige, se queres, à casa.

HÉRACLES
Em tuas mãos colocá-la-ei.

ADMETO
Preferiria não tocá-la; mas que entre na casa.

HÉRACLES
Confio apenas na tua mão direita.   1115

ADMETO
Senhor, obrigas-me a fazer o que não quero.

HÉRACLES
Coragem! Estende a mão e toca a hóspede.

ADMETO
E eu a estendo, como se para decapitar a Górgona.[25]

HÉRACLES
[Já a tens? ADMETO. Sim, tenho. HÉRACLES. Então a mantém
e um dia dirás que o filho de Zeus é um nobre hóspede.]   1120
Olha para ela para ver se de algum modo ela se parece
com tua esposa. Agora troca a dor por felicidade!

ADMETO
Ó deuses, que direi? Um milagre inesperado é isso.
A minha mulher vejo realmente,
ou algum ilusório prazer dos deuses me atordoa?   1125

HÉRACLES
Não, esta que vês é tua esposa.

---

[25] Perseu apenas conseguiu cortar a cabeça da Górgona evitando o seu olhar.

ADMETO
Vê se não é alguma aparição dos ínferos.

HÉRACLES
Não fizeste do teu hóspede um condutor de mortos.

ADMETO
Mas estou vendo minha esposa, a que enterrei?

HÉRACLES
Certamente! Mas não me admira que tu desacredites da sorte.   1130

ADMETO
Devo tocá-la, falar a ela como se à minha esposa viva?

HÉRACLES
Fala; tens tudo o que querias.

ADMETO
Ó semblante e corpo da minha queridíssima esposa,
Inesperadamente te tenho, jamais imaginando revê-la um dia!

HÉRACLES
Tens. Que não haja nenhuma inveja dos deuses!   1135

ADMETO
Ó nobre filho do grande Zeus,
que sejas feliz e que o pai que te gerou
te mantenha a salvo, pois tu sozinho me reergueste!
Mas como de lá de baixo mandaste-a de volta para luz?

HÉRACLES
Unindo-me em batalha com a senhora dos espíritos.   1140

ADMETO
Onde dizes que te uniste em combate com a Morte?

HÉRACLES
Junto ao túmulo dela, de emboscada agarrei-a com as mãos.

ADMETO
Mas por que muda e estática se mantém esta mulher?

HÉRACLES
Ainda não te é lícito ouvir palavras delas,
não antes que seja consagrada aos deuses ínferos   1145
e que chegue o terceiro dia.
Mas leva-a para dentro. E doravante sê justo,
Admeto, e reverencia teus hóspedes.
Adeus! Vou indo executar o trabalho
fixado pelo rei, filho de Estênelo.   1150

ADMETO
Fica conosco e compartilha do nosso lar.

HÉRACLES
No futuro. Agora devo me apressar.

ADMETO
Então que sejas afortunado e completes o percurso do retorno!

(*Sai Héracles.*)

E a todos os cidadãos e à tetrarquia eu digo
que instituam coros em honra às felizes circunstâncias   1155
e preencham os altares com o cheiro dos sacrifícios bovinos.[26]
Agora mudamos para uma vida melhor
do que a de antes, não negarei que sou afortunado.

---

[26] A "tetrarquia" possivelmente se refere às quatro divisões da Tessália.

CORO
Muitas são as formas das divindades,
e muitas coisas, inesperadamente, realizam os deuses, 1160
o que era imaginado não foi cumprido,
e para o que não era imaginado o deus encontrou expediente.
Assim se sucedeu a história.

HERACLIDAS

PERSONAGENS DO DRAMA

IOLAU
FILHOS DE HÉRACLES (personagens mudos)
ARAUTO (conhecido em outras fontes como Copreu)
CORO DE ANCIÃOS DE MARATONA
DEMOFONTE
ACAMAS (personagem mudo)
DONZELA (conhecida em outras fontes como Macária)
SERVO
ALCMENA
MENSAGEIRO
EURISTEU

PRÓLOGO

*(Iolau e os filhos de Héracles estão em cena diante
do altar de Zeus Agoraios.)*

IOLAU
Há tempos que assim penso:
de um lado, há aquele que por natureza é homem justo aos próximos,
de outro, aquele que é dado ao desejo do lucro,
inútil é à cidade e difícil de lidar,
mas a si mesmo é ótimo — não o sei por ouvir dizer, mas por
                                 [aprendê-lo.   5
Eu, com efeito, por pudor e por reverenciar a estirpe,
apesar de poder ter vivido tranquilamente em Argos,
fui o homem que penas, as maiores, partilhei com Héracles,
enquanto esteve ele entre nós; mas agora, já que o céu
ele habita, estes seus filhos trago sob as asas   10
e protejo, ainda que eu mesmo precise de salvação.
Quando o pai deles deixou a terra,
primeiro a nós Euristeu quis matar.
Todavia, escapamos e, ainda que perdida a cidade,
a vida foi salva. E fugimos vagando   15
de uma a outra cidade, à medida que nos expulsavam.
É que, além dos outros males, este ultraje
contra nós Euristeu achou digno perpetrar:
enviando arautos a qualquer terra onde soubesse
que nos estabelecíamos, exigia-nos e nos repelia do território, 20
afiançando que não era coisa pequena fazer de Argos
amiga ou inimiga e que ele próprio prosperava.

E eles, percebendo que fraco era meu poder
e pequenas as crianças, e privadas do pai,
os mais fortes honravam e repeliam-nos da terra. 25
E eu com estas crianças desterradas sou também um desterrado
e com aqueles que sofrem agruras sofro agruras,
hesitando traí-los para que alguém assim não fale:
"Vede, quando às crianças não há um pai,
Iolau não os protege, mesmo sendo parente!" 30
Privados de todo o território da Hélade,
viemos a Maratona e terras fronteiriças
e, suplicantes, sentamos no altar pela ajuda
dos deuses; pois nas planícies desta terra
diz-se que os dois filhos de Teseu habitam, 35
tendo-as obtido por herança dos descendentes de Pandião.
São aparentados destas crianças. Por isso, aos limites
da gloriosa Atenas viemos nesta jornada.
Por dois velhos a fuga é guiada:
enquanto eu pelos meninos me preocupo, 40
Alcmena, por sua vez, as meninas
abraçando, dentro deste templo
protege-as; pois temos pudor de que jovens virgens
aproximem-se da multidão e, suplicantes, postem-se ao altar.
Hilo e seus irmãos mais velhos 45
procuram terra em que estabeleçamos fortaleza,
caso deste território à força sejamos enxotados.

        (*Entra o arauto.*)

Ó crianças, crianças, aqui, agarrai minhas
vestes: vejo o arauto de Euristeu
marchar contra nós, este por quem somos perseguidos 50
e de toda a terra, errabundos, somos privados!
Ó odioso!, que perecêsseis tu e aquele que te enviou,
uma vez que também ao nobre pai destas crianças
de tua mesma boca anunciaste muitos males!

ARAUTO
Suponho que pensas ter tomado bela morada   55
e ter atingido cidade aliada — mas que mau juízo!
Pois não há ninguém que escolherá
a tua inútil potência em preferência a Euristeu!
Anda! Por que tanto te esforças? É preciso levantar
e ir a Argos, onde castigo por lapidação te aguarda!   60

IOLAU
Não! Porquanto o altar do deus me protegerá,
e em terra livre pisamos!

ARAUTO
Desejas impor mais trabalho a este meu braço?

IOLAU
Certamente pela força não levarás a mim e a estas.

ARAUTO (*Agarrando as crianças.*)
Verás! Nisso não és, ao que parece, um bom adivinho.   65

IOLAU
Jamais isso acontecerá enquanto eu viver!

ARAUTO
Arreda-te! Quanto a estes, mesmo que não o queiras,
levá-los-ei considerando-os de Euristeu, como o são![1]

IOLAU
Ó habitantes de Atenas de longo tempo!   70
Ajudai-nos! Mesmo sendo suplicantes de Zeus Agoraios,

---

[1] Após agarrar as crianças (v. 65), o arauto aqui parece empurrar Iolau em um ato de violência física raro na tragédia clássica.

somos coagidos e nossas guirlandas maculadas,
vergonha para a cidade e desonra aos deuses![2]

(*Entra o coro de anciãos
de Maratona.*)

PÁRODO

CORO
Ah! Que grito é este que próximo ao altar
se levanta? Qual infortúnio rápido revelará?
Vede o fraco ancião, caído no solo! Ó infeliz,   75
<   >
por culpa de quem na terra caíste infeliz queda?

IOLAU
Este aqui, ó estrangeiros, desonrando os deuses
arrasta-me à força da frente do altar.

CORO (*cantando*)
E tu, de que terra, ó ancião, vieste a este povo   80
que na tetrápolis coabita?[3] Acaso de longe, com salso remo
surges, após ter deixado a costa da Eubeia?

IOLAU
Não é insular, ó estrangeiro, a vida que levo,
mas de Micenas à tua terra viemos.   85

---

[2] Em Atenas, o Zeus Agoraios ("da ágora") presidia sobre assembleias e julgamentos. Nada se sabe sobre um altar de Zeus Agoraios em Maratona, mas sua existência não precisa ser presumida: Eurípides pode tê-la inventado aqui para acrescentar mais um elemento-símbolo da democracia ateniense à sua tragédia.

[3] A tetrápolis de Maratona era uma antiga federação que reunia quatro cidades: Maratona, Tricorinto, Enoe e Probalinto.

CORO (*cantando*)
Por qual nome, ancião, o povo de Micenas te nomeia?

IOLAU
Conheces, com certeza, o que esteve com Héracles,
Iolau — pois não é inaclamado este corpo.

CORO (*cantando*)
Sim, dele já ouvi falar antes. Mas filhos de quem são esses,
meninos recém-nutridos que guias pela tua mão? Dize. 90

IOLAU
De Héracles são filhos, ó estrangeiro,
que como suplicantes chegaram a ti e à tua cidade.

CORO (*cantando*)
Qual é a demanda? Dize-me, estais interessados em falar com a cidade? 95

IOLAU
Que não sejamos entregues, nem à força arrebatados
de junto de teus deuses rumo a Argos.

ARAUTO
Isso, no entanto, aos teus mestres não satisfará,
os que te governam e aqui te encontram. 100

CORO (*cantando*)
O certo é dos deuses respeitar os suplicantes, ó estrangeiro,
e por mão violenta não devem deixar a morada dos deuses;
pois a senhora Justiça assim não será tratada.

ARAUTO
Expulsa desta terra os de Euristeu, 105
e não usarei de nenhuma mão violenta.

CORO (*cantando*)
Ímpio é para uma cidade rejeitar uma súplica de estrangeiros.

ARAUTO
Bom mesmo é manter os pés longe de problemas,
melhor conselho aceitando.[4] 110

CORO
Acaso aos senhores desta terra não deverias falar
antes de isso ousar, e não pela força arrastar os estrangeiros
de junto dos deuses, respeitando a liberdade desta terra?

ARAUTO
Quem deste território e desta cidade é senhor?

CORO
O de nobre pai, Demofonte, filho de Teseu. 115

ARAUTO
A ele então o argumento dessa demanda
deveria direcionar; o que mais eu disse foi em vão.

PRIMEIRO EPISÓDIO

(*Entram Demofonte e Acamas.*)

CORO
E eis que ele vem com pressa,
e também seu irmão Acamas, atendendo a essas palavras.

---

[4] Por uma certa estranheza entre a fala do arauto e a resposta do coro e pela falta de simetria métrica entre a estrofe (vv. 75-94) e a antístrofe (vv. 95-110), presume-se aqui uma lacuna de, pelo menos, cinco versos.

DEMOFONTE
Já que, mesmo idoso, chegaste primeiro que os jovens   120
acudindo a um grito nesta ara de Zeus,
conta: que acontecimento reúne esta multidão?

CORO
Suplicantes, estes filhos de Héracles sentam-se
neste altar, coroados — como vês, ó senhor —
e também Iolau, confiável companheiro de seu pai.   125

DEMOFONTE
Mas por que esta circunstância traz lamento?

CORO
Tentando este aqui levá-los desta ara à força,
causou o grito e jogou de joelhos
o ancião, a ponto de me derramar lágrimas de compaixão.

DEMOFONTE
E ainda assim sua roupa, ao menos, é grega,   130
e o jeito que tem suas vestes, mas os atos de mão bárbara são.
É tua tarefa dizer-me sem demora:
de que terra, tendo deixado que limites, até aqui vieste?

ARAUTO
Argivo eu sou, já que queres sabê-lo.
Mas por que vim e da parte de quem quero eu dizer-te.   135
Envia-me de Micenas para cá Euristeu soberano
para que busque estes aqui. E vim, ó estrangeiro, trazendo
muitas justas demandas, tanto para comunicar quanto para cumprir.
Sendo eu mesmo argivo, busco estes argivos
fugitivos de minha terra,   140
eles que pelas leis de lá foram condenados por voto
a morrer. Sendo habitantes da cidade, justos
somos de contra os nossos exercermos válidas sentenças.
Os lares de muitos outros tendo alcançado,

nestes mesmos argumentos nos apoiamos, 145
e ninguém ousou a si mesmo impor males.
Todavia, ou por terem vislumbrado um certo desatino
para cá vieram a ti, ou por falta de recursos ao perigo
arriscam-se, a ver se serás ou não serás
tu tão inepto e desprovido de juízo.⁵ 149B
Pois, se estiveres são, eles certamente não esperam 150
que tu sozinho, de tantos gregos aos quais eles foram,
inadvertidamente te apiedarás de seus infortúnios.
Vamos!, compara: admitindo-os nesta terra,
ou permitindo que eu os leve embora, o que lucrarás tu?
Por um lado, conosco, tais coisas adquirirás: 155
uma tropa tamanha como a argiva, e de Euristeu
a força inteira acrescentarás à tua cidade.
De outro, se as palavras e os lamentos destes aqui
notares e amoleceres, na peleja da lança
a questão deve ser resolvida; pois não penses 160
que esta contenda vamos abandonar sem aço.
Que dirás então? De quais terras privado,
despojado de quê, trarás guerra aos argivos?
Defendendo quais aliados, por quem
enterrarás os cadáveres tombados? De certo, má fama 165
alcançarás perante a cidade, se por um ancião,
um mausoléu, um morto-vivo, como se diz por aí,
e por estas crianças te enfiares em águas difíceis.
Encontrarás no máximo apenas esperança,
e muito inferior é isso à presente oferta. 170
Pois contra argivos armados lutariam mal
estes aqui quando crescidos, se é isto
que levanta teu ânimo, e no intervalo há longo tempo,
em que serias destruído. Confia em mim:
nada conceda, mas permita-me levar o que é meu 175

---

⁵ Nos manuscritos, há uma lacuna entre os versos 149 e 150. Por essa razão, traduzo como 149b um suplemento elaborado pelo editor James Diggle, para que não haja descontinuidade na tradução.

e ganha Micenas; e não faças o que vós amais fazer,
padecer disto: podendo os melhores
amigos escolher, os piores tomar.

CORO
Quem já julgou uma causa ou avaliou um discurso,
antes de ter ouvido claramente os dois lados? 180

IOLAU
Senhor, já que isto se garante em tua terra,
falar e também ouvir na minha vez me é permitido,
e ninguém antes me enxotará, como de outros lugares o fizeram.
Entre nós e esse aí nada há em comum,
pois, desde que de Argos não mais partilhamos 185
por decreto decidido, e fugimos da pátria,
como com justiça nos levará ele como micênios,
a nós que expulsaram da terra?
Estrangeiros somos nós. Ou julgas que dos limites da Hélade
deve ser banido aquele que Argos banir?[6] 190
Certamente não de Atenas, pois por medo dos argivos
não expulsarão desta terra os filhos de Héracles.
Não é esta alguma cidade trácia
ou aqueia, de onde tu, não com justiça,
mas Argos exaltando, exatamente como agora falas, 195
afugentou estes aqui, suplicantes que eram colocados nos altares.
Pois se isso acontecer e preferirem teus argumentos,
não mais reconheço esta Atenas como livre.
Contudo, conheço eu o seu propósito e natureza:
estariam dispostos a morrer, pois o senso de vergonha 200
maior que a vida os homens nobres consideram.
Para a cidade, é o bastante; pois de fato é odioso
o louvar em excesso, e eu mesmo sei
que muitas vezes fui consumido por ser muito elogiado.

---

[6] A partir desta pergunta até o v. 204, Iolau se direciona ao arauto.

Mas a ti quero dizer que é forçoso a estes aqui 205
salvar, já que governas esta terra.
Piteu era filho de Pélops, e de Piteu
nasceu Aitra, e desta foi gerado teu pai,
Teseu. E agora te reconto a linhagem destes.
Héracles de Zeus e Alcmena era filho, 210
e aquela de Pélops era filha. Então teu pai
e o deles de primos foram gerados.
Em linhagem assim és relacionado a estes aqui, Demofonte.
Mas digo o que, além do parentesco, é preciso
que tu pagues a estas crianças. Pois afirmo que certa vez, 215
sendo escudeiro do pai delas, naveguei
com Teseu em busca do cinturão assassino,
e também trouxe dos recônditos do Hades
o teu pai; toda a Hélade o testemunha.[7]
Por essas coisas, estes aqui reivindicam um favor em retorno: 220
não entregá-los e nem à força arrebatá-los
de junto de teus deuses, e não lançá-los desta terra.
A ti esta é uma vergonha à parte, e também à cidade:
suplicantes, errantes, parentes — ai de mim! quantos males!
olha para eles, olha! — à força serem arrastados. 225
Contudo imploro-te e com as mãos te circundo:
pelo teu queixo, não recuses
tomar os filhos de Héracles em teus braços.
Sê parente aos teus, sê amigo,
pai, irmão, senhor — pois qualquer outra coisa 230
é melhor que sob os argivos cair.

---

[7] O trecho se refere à busca pelo cinturão da Amazona, um dos doze trabalhos de Herácles, e ao regaste de Teseu, que tinha ido ao Hades na tentativa de raptar Perséfone. Para vingar Teseu por sua participação na expedição, as Amazonas atacaram a Ática, mas foram derrotadas por Teseu e Atenas. Sintaxe e sentido incompletos sugerem uma lacuna entre os versos 217 e 218, onde se diria o que exatamente Teseu deve a Héracles pela expedição em busca do cinturão da Amazona.

CORO
Ouvindo, compadeço-me destes infortúnios, senhor.
A nobreza vencida pela sorte,
inteiramente, vejo-a agora — pois estes, de nobre
pai gerados, são imerecidamente infortunados. 235

DEMOFONTE
Três caminhos de reflexão me compelem,
Iolau, a não rejeitar teus argumentos:
o maior deles é Zeus, sobre cujo altar
estás sentado com esta assembleia de passarinhos;
depois o parentesco e a dívida nossa 240
de bem tratá-los, como favor ao pai;
e também a vergonha, que mais se deve considerar.
Com efeito, se eu deixar este altar ser pilhado
à força por um estrangeiro, parecerá que não
habito terra livre, mas que por medo de Argos 245
entrego suplicantes — e isto é quase como me enforcar.
Ainda que desejasse que viesses em situação mais afortunada,
ainda assim não temas que alguém a ti
e às crianças deste altar arranque à força.
E tu, vai a Argos e isso diz a Euristeu, 250
e ainda: se de alguma coisa ele acusar estes estrangeiros,
terá justiça, mas tu jamais os levarás.

ARAUTO
Nem mesmo se sou justo nessa alguma coisa e se venço com meu argumento?

DEMOFONTE
E como seria justo levar o suplicante à força?

ARAUTO
Pois não seria isso vergonhoso para mim, mas de nenhum dano a ti?
255

DEMOFONTE
A mim, sim! Se permitir a tu levá-los.

ARAUTO
Expulsa-os de tuas fronteiras, e de lá os levamos.

DEMOFONTE
Estúpido és de pensar ser mais esperto que os deuses.

ARAUTO
Para cá, é o que parece, devem fugir os vis.

DEMOFONTE
A todos o santuário dos deuses é defesa universal.   260

ARAUTO
Assim, talvez, não parecerá aos micênios.

DEMOFONTE
Acaso aqui não sou eu senhor?

ARAUTO
Contanto que não prejudiques nenhum deles, se és são.

DEMOFONTE
Prejudicai-vos! Eu mesmo não macularei os deuses.

ARAUTO
Não quero que tu tenhas guerra com os argivos.   265

DEMOFONTE
Nem eu do mesmo modo, mas estes não deixarei partir.

ARAUTO
Levá-los-ei assim mesmo, tomando o que é meu.

DEMOFONTE
Então não com facilidade voltarás a Argos!

ARAUTO
Tentando-o mesmo, já o saberei.

DEMOFONTE
Se tocá-los, arrepender-te-ás, e sem demora! 270

CORO
Pelos deuses, não ouses acertar um arauto!

DEMOFONTE
Acertarei, se o arauto não aprender a ter juízo.

CORO
Afasta-te! E tu não o toques, senhor.

ARAUTO
Sigo, pois de um só braço é fraca a batalha.
Mas para cá volto, trazendo grandiosa lança de Ares argivo, 275
toda de bronze. Dez mil soldados
de Euristeu me aguardam e o próprio soberano
como general. Nos limites da terra de Alcatos,
permanece esperando o final das negociações daqui.[8]
E, ouvindo sobre tua insolência, aparecerá radiante 280
a ti, aos cidadãos desta terra e às suas plantações
— pois em vão possuiríamos vigor assim grandioso
em Argos, se não nos vingássemos de ti.

---

[8] Terra de Alcatos, isto é, Mégara. Alcatos tornou-se rei de Mégara, após matar o leão de Citeron, que aterrorizava o reino.

DEMOFONTE
Que te acabes! A tua Argos não temo.
Não irias levar estas crianças daqui à força 285
e me envergonhar, pois esta cidade que comando
a Argos não está sujeita, mas é livre.

(*Sai o arauto.*)

CORO
Hora de planejar, antes que se aproxime das fronteiras
o exército do argivos.
É deveras afiado o Ares dos micênios, 290
e depois disso mais ainda que antes.
É que esta é a regra com os arautos:
aumentar em duas vezes o ocorrido.
Quão grande história pensas que contará aos chefes,
como sofreu terríveis coisas e por pouco 295
escapou de ser esfarelado?⁹

IOLAU
Não há dádiva mais bela aos filhos que isto:
de um nobre e virtuoso pai ser gerado
[e casar-se com a nobreza. Mas aquele que, vencido pelo desejo,
aos vis se relaciona não louvarei; 300
por conta do prazer, aos filhos deixa censura.]¹⁰
É que o bem-nascido resiste ao infortúnio
mais que o malnascido. Com efeito, nós mesmos,
sucumbidos a males extremos, encontramos estes
amigos e parentes, os quais, sozinhos nesta habitada 305

---

⁹ Toda essa fala (vv. 288-296) deveria ser provavelmente recitada com acompanhamento musical.
¹⁰ Consideram-se os versos 299-301 interpolados. A referência ao sexo fora do casamento interrompe o raciocínio e parece fora de contexto. Possivelmente, essas linhas vieram parar aqui por influência da coleção de citações literárias moralizantes de Estobeu.

terra helênica, ampararam estas crianças.
Dai, ó filhos, dai a eles a mão direita,
e vós às crianças, e aproximai-vos!
Ó crianças, os amigos colocamos à prova.
Se algum dia houver um retorno vosso à pátria 310
e habitardes a casa, e a honra paterna 311A
<tomardes de volta, os reis desta terra> 311B
considerai para sempre como salvadores e amigos;
e de jamais levantar lança hostil a esta terra
lembrai-vos, mas como cidade mais amiga
de todas a considerai. Dignos de vossa reverência 315
são os que por nós trocaram a animosidade
de terra tamanha e do povo pelasgo,
vendo que éramos pedintes, errabundos, e mesmo assim.[11]
[Não nos entregaram nem expulsaram desta terra.][12]
E eu, na vida e na morte, quando morrer, 320
com muito louvor, junto a Teseu, ó senhor,
a ti elevarei e alegrá-lo-ei contando
como bem recebeste e defendeste os filhos
de Héracles; e tu, bem-nascido, pela Hélade
manténs a fama paterna, e nascido de nobres 325
em nada és pior que teu pai,
como poucos o são — pois apenas um entre muitos
encontrarás que não seja inferior ao pai.

CORO
Desde sempre, esta terra aos desvalidos
que estão com a justiça quer ajudar. 330
Por isso, miríade de penas pelos amigos
nos veio, e agora a contenda vejo por perto.

---

[11] Por "povo pelasgo", entenda-se "povo de Argos". Pelasgo foi o nome de um rei mítico de Argos, que é personagem da tragédia *Suplicantes,* de Ésquilo. O que traduzo no verso 311b é uma conjectura dos editores para preencher uma possível lacuna.

[12] Alguns editores cortam esse verso, considerando a continuidade entre 319-320 estranha.

DEMOFONTE
Falaste bem e estou confiante, ancião,
de que assim serão as ações destas crianças: lembrar-se-ão do favor.
E eu uma assembleia de cidadãos devo fazer 335
e organizá-los de modo que o exército micênico
com muitos braços recebamos. Primeiro, espiões
enviarei a ele, para que não me escape quando atacarem,
pois rápido em Argos é todo homem em socorro;
e reunindo os adivinhos faremos sacrifícios. E tu ao palácio 340
com as crianças vai, abandonando de Zeus a ara.
Há os que de ti, mesmo que eu esteja fora,
hão de ter cuidado. Vai ao palácio, ancião.

IOLAU
Não deixarei o altar. Rogaremos,
permanecendo aqui como suplicantes, pelo sucesso da cidade. 345
E, quando bem te safares desta contenda,
iremos para casa. Os deuses que fazemos
nossos aliados piores não são que os dos argivos, senhor.
A eles Hera preside, consorte de Zeus,
mas Atena a nós. E digo que para bom sucesso 350
também é isto: ter melhores deuses,
pois ser derrotada Palas não suportará.

(*Saem Demofonte e Acamas.*)

PRIMEIRO ESTÁSIMO

CORO (*cantando*)
Se tu muito te jactas,
outros a ti não mais atentam,
ó estrangeiro de Argos oriundo. 355
E pela grandiosa falação
meu peito não amedrontarás.

Que isso ainda não aconteça
à grande Atenas de belos coros!
Tu és um desmiolado, assim como   360
o filho de Estênelo, tirano de Argos.[13]

Tu que vindo a uma outra cidade,
em nada inferior a Argos,
tentas arrastar suplicantes dos deuses, errabundos,
peticionários da minha terra, à força,   365
tu que és estrangeiro, a reis não te submetes,
nem por outro justo pleito
pedes — como tais coisas seriam belas,
ao menos junto a homens de juízo?   370

Paz, a mim me agrada.
Mas a ti declaro, ó maldoso soberano,
se vieres à cidade,
não assim como pensas irás dominá-la!
Não apenas para ti existe lança   375
e escudo coberto de bronze.
Mas, ó amante das guerras,
com a lança não desordenes
a cidade de muitas graças,
mas te contém!   380

---

[13] O filho de Estênelo é Euristeu. O termo grego *túrannos* refere-se ao governante autoritário que tomou o poder de uma pólis. Adversários habituais da aristocracia, os tiranos frequentemente tinham apoio de classes menos favorecidas. Desse modo, a palavra grega "túrannos" nem sempre tem a conotação estritamente negativa do português "tirano", e é esse sentido que deve ser entendido aqui.

SEGUNDO EPISÓDIO

(*Entra Demofonte.*)

IOLAU
Ó filho, por que vens trazendo nos olhos
preocupação? Algo de novo dirás sobre o inimigo?
Demoram-se, já estão presentes, ou que coisa ouves?
Certamente não provarás que são falsas as palavras do arauto,
pois o general, antes já afortunado, 385
vem, sei claramente que sim, e não pensando pequeno
em relação a Atenas. Contudo, certamente é Zeus
castigador desses de soberbo pensar.

DEMOFONTE
É chegado o exército argivo e também Euristeu soberano.
Eu mesmo o vi — pois um homem que diz 390
bem entender como ser general
não por mensageiros deve ver os oponentes.
Na verdade, para as planícies desta terra ainda
não enviou exército, mas sobre rochoso penhasco sentado
examina (apenas minha opinião direi a ti) 395
por onde guiará tamanho exército a nossas fronteiras
e em segurança irá estabelecê-lo nesta terra.[14]
Quanto à minha parte, tudo já foi devidamente arranjado:
a cidade está em armas, e as vítimas estão preparadas
para os deuses aos quais serão sacrificadas, 400
e a cidade está repleta de sacrifícios dos adivinhos.
Reunindo todos os cantores de oráculos em um lugar,
inquiri sobre o público e o secreto,
[antigos dizeres, salvação desta terra.] 405
Em outros pontos muita diferença havia entre os oráculos,

---

[14] O texto está ligeiramente corrompido no fim do verso 396. Traduzo conjectura de Willink.

mas em uma coisa opinião idêntica a todos é conspícua:
a sacrificar exortam-me uma virgem à filha
de Deméter, uma que seja de nobre pai, 409
viração aos inimigos e salvação à cidade. 402
Tenho eu, como vês, boa vontade 410
o bastante para convosco, mas filha minha não matarei,
nem forçarei um dos meus cidadãos
contra sua vontade. E quem prontamente seria tão insano,
que de suas mãos entregaria os filhos, coisa mais amada?
E agora assembleias cheias verás 415
com alguns dizendo que eu fui justo em socorrer
suplicantes estrangeiros, enquanto outros me acusarão
de loucura. Se isso eu fizer,
guerra civil já se prepara.
Vê isso então e me ajuda a descobrir como 420
vós mesmos vos salveis e esta terra,
e eu não seja desacreditado pelos cidadãos,
pois não tenho eu uma tirania como a de bárbaros,
mas, se agir com justiça, com justiça serei tratado.

CORO
Mas havendo, boa vontade, não permite o deus 425
que esta cidade socorra estrangeiros em necessidade?

IOLAU
Ó crianças, somos como navegantes
que, após escapar à força selvagem da tempestade
e ter a terra ao alcance da mão, da terra seca então
pelos ventos são levados de volta para o mar. 430
Assim também nós desta terra somos enxotados,
já estando junto à costa, como se salvos.
Ai de mim! Por que então me alegraste,
ó mísera esperança de antes, não disposta a cumprir o favor?
Perdoáveis, certamente, são as ações deste, se não quer 435
matar filhos de cidadãos. A isso aqui também
posso aquiescer: se aos deuses parece certo

que eu passe por isso, a gratidão a ti não está de fato acabada.
Ó filhos, de vós não sei o que fazer.
Para onde tornaremos? Qual dos deuses não foi coroado?   440
A que defesa de terra não chegamos?
Seremos acabados, ó crianças, seremos entregues.
A mim nada importa morrer, se me for preciso,
a menos que alegre os meus inimigos morrendo.
Mas por vós choro e sinto compaixão, crianças,   445
e pela anciã Alcmena, mãe de vosso pai.
Ó infortunada em tua longa vida!
Miserável eu também que muito labutei em vão.
Era destino, era destino, agora vejo, cair nas mãos
de homem inimigo e deixar a vida vergonhosa e miseravelmente.   450
Mas eis o que fazes para me ajudar (pois nem toda
esperança de salvá-las me fugiu):
entrega-me aos argivos em lugar delas, senhor,
e não te arrisques, mas que me sejam salvas
as crianças; não devo amar minha própria vida, que se vá.   455
Mais quereria Euristeu me pegar
e o aliado de Héracles ultrajar,
pois é homem tosco. Aos sábios o desejável
é ter um sábio como inimigo, e não alguém orgulhoso e ignorante,
pois assim encontra bastante respeito e justiça.   460

CORO
Ó ancião, não acuses esta cidade!
Pois mesmo falsa, ainda assim seria vil censura,
que tenhamos traído estrangeiros.

DEMOFONTE
Nobre é o que disseste, mas impraticável.
Não foi ansiando por ti que até aqui o soberano trouxe exército   465
— que ganha Euristeu com a morte de um ancião? —,
mas quer matar estas crianças.
Pois terrível é para os inimigos os que crescem nobres,
jovens lembrados de ultraje ao seu pai.

Todas estas coisas ele deve considerar. 470
Contudo, se conheces algum outro conselho
mais oportuno, prepara-o, pois eu mesmo estou sem recursos
após ouvir os oráculos, e cheio de medo.

(*Sai do templo a donzela, que é uma das filhas de Héracles.*)

DONZELA
Estrangeiros, audácia não atribuais
à minha saída: isso eu pedirei primeiro. 475
À mulher mais belo é o silêncio e a moderação
e o permanecer quieta dentro de casa.
Mas, após teus gemidos ouvir, Iolau,
saí, não tendo sido designada a representar a espécie,
porém, como sou de certo modo uma pessoa apropriada, 480
e muitíssimo me importam meus irmãos e eu mesma,
quero saber se alguma calamidade, acrescentada
aos males de antes, morde tua mente.

IOLAU
Ó criança, não de hoje muito mais a ti,
dentre os filhos de Héracles, com justiça posso louvar. 485
O curso que nos parecia bem caminhar
outra vez mudou de volta para um estado de desamparo.
É que diz este aqui que os cantores de oráculos nos sinalizam
a sacrificar não um touro ou um bezerro,
mas uma virgem, à filha de Deméter, alguma bem-nascida, 490
se é destino que nós e esta cidade existam.
Estamos então sem recursos, pois diz este
que não sacrificará filho dele nem de qualquer outro.
E a mim diz, não claramente, mas diz de certo modo
que, se não encontrarmos um jeito de sair dessas dificuldades, 495
devemos encontrar um outro torrão,
já que ele quer salvar esta terra.

DONZELA
É nessa profecia que temos salvação?

IOLAU
Nela sim, quanto ao resto temos boa sorte.

DONZELA
Então não mais fujas da odiosa lança argiva: 500
pois eu mesma, antes de ser ordenada, ancião,
a morrer estou preparada e a enfrentar o sacrifício.
Pois que diremos, se a cidade se digna
a assumir grande risco por nossa causa,
mas nós mesmos que impomos penas aos outros, 505
quando é possível salvá-los, fugimos para não morrer?
De modo algum!, já que certamente é digno de chacota
gemer às divindades sentados como suplicantes,
e ainda que gerados daquele pai que nos gerou,
sermos vistos como vis. Onde entre nobres isso seria adequado? 510
Mais belo, penso eu, quando conquistada essa cidade
— que não o aconteça! —, eu cair nas mãos do inimigo,
e então, tendo sofrido desonrosamente, eu de nobre pai
ainda assim encarar o Hades.
Ou de outro modo, expulsa desta terra, devo andar a esmo? 515
Não me envergonharei então, se alguém disser:
"Por que aqui chegastes com seus súplices ramos,
vós que muito amais a vida? Deixai esta terra!
Aos vis não ajudamos nós."
No entanto, de todo modo, nem morrendo esses 520
e eu sobrevivendo tenho esperança de ter êxito
— pois muitos já traíram os amigos desse jeito.
Com efeito, quem quererá tomar como esposa
uma garota desamparada, ou ter filhos de mim?
Acaso não será melhor morrer que ter essa sina 525
imerecida? A alternativa seria mais adequada
a uma outra, que não fosse distinta como eu sou.
Guiai-me aonde é preciso que este corpo morra

e coroai-me e começai, se assim vos parece bem.[15]
E vencei os inimigos. Pois minha vida está à disposição,   530
de boa vontade e não constrangida, e proclamo
que vou morrer pelos meus irmãos e por mim mesma.
Não amando demasiado a existência, fiz a mais bela
descoberta: como gloriosamente deixar a vida.

CORO
Ai, ai! Que direi, da virgem o grande discurso   535
ouvindo, a que pelos irmãos quer morrer?
Mais nobres palavras do que estas quem diria?
Quem dos homens as cumpriria ainda?

IOLAU
Ó filha, não de outro és filha,
mas dele mesmo! Cria do divino espírito   540
heracleio foste gerada! Não sinto vergonha
por tuas palavras, mas por tua sina me aflijo.
Contudo direi como com mais justiça devem ser feitas as coisas.
É preciso chamar aqui todas as tuas irmãs,
e então a que for sorteada morra pela família.   545
Não é justo que tu morras sem sorteio.

DONZELA
Não morrerei eu por ser sorteada ao acaso,
pois gratidão isso não traz. Não o proponhas, ancião.
Porém, se aceitas e queres de minha boa vontade
usar, minha vida eu dou   550
de bom grado a esses, mas não forçada.

---

[15] A segunda parte do verso está corrompida. A tradução recupera um sentido aproximado.

IOLAU
Ah!
Esta palavra é ainda mais nobre do que a de antes!
E aquela já era ótima! Mas superas
coragem com coragem e palavra nobre com palavra! 555
Eu mesmo não te ordeno nem te impeço, filha,
de morrer, mas morrendo ajuda teus irmãos.

DONZELA
Sabiamente falaste. Não temas partilhar
de minha contaminação, mas que livremente eu morra, 559
quando for para a terrível matança, 562
se de fato fui gerada do pai de quem juro ter sido.[16] 563
Mas segue-me, ancião, pois em tuas mãos morrer 560
eu quero, e estando presente cobre com os peplos o meu corpo. 561

IOLAU
Não seria eu capaz de presenciar a tua ruína.

DONZELA
Mas então pede a este que não entre homens, 565
mas nas mãos de mulheres eu expire.

DEMOFONTE
Assim será, ó infeliz das virgens, já que
a mim também seria vergonhoso, se tu não fosses enterrada belamente,
por muitas razões, por tua coragem
e pelo que é justo. A mais corajosa és tu 570
de todas as mulheres que com os olhos eu vi.
Contudo, se o queres, a estes e ao ancião
dirige as últimas saudações e parte.

---

[16] Cf. nota aos versos 22-23 de *Alceste* neste volume.

DONZELA
Adeus, ancião, adeus! Por favor, ensina
esses meninos a serem assim, para tudo sábios, 575
exatamente como tu, e não mais, pois bastará.
E, zeloso, tenta salvá-los da morte.
Tuas crianças somos, por tuas mãos alimentados.
Vês a mim cedendo minha idade de casar
e prestes a morrer no lugar deles. 580
E vós, liga de irmãos aqui presente,
sede felizes, e que vos haja aquilo
que ao meu coração antes será negado.
O ancião e a anciã de dentro do templo
honrai, Alcmena, mãe de meu pai, 585
e estes estrangeiros. E se alívio das penas
e um retorno encontrardes, graças aos deuses,
lembrai-vos de como é preciso enterrar a salvadora:
o mais belamente será o justo, pois não insuficientemente
ajudei-vos, mas morri pela raça. 590
São esses feitos as minhas riquezas, em lugar dos filhos
e da virgindade, se de fato algo há embaixo da terra.
Mas que não haja nada!, pois se tivermos
preocupações também lá, nós, mortais a ponto de morrer,
não sei para onde alguém se voltará — pois o morrer 595
considera-se o maior remédio aos males.

IOLAU
Ó tu, que em coragem excedes
todas as mulheres, sabe que a mais honrada
por nós serás, tanto viva quanto morta!
Adeus! Reverência me impede de falar mal da deusa 600
a quem teu corpo foi devotado, a filha de Deméter.

(*Saem a donzela e Demofonte.*)

Ó crianças, estou acabado! Soltam-se meus membros
pela dor. Levai-me ao altar e sentai-me,

cobrindo-me a cabeça com estes peplos.
Não me apraz o que foi feito, 605
e não se cumprindo o oráculo, não há vida,
pois maior será a ruína. Infortúnios já foram esses.

SEGUNDO ESTÁSIMO

CORO (*cantando*)
Nenhum homem, digo eu, sem os deuses é feliz,
ou infortunado.
E nem a mesma casa segue sempre 610
em boa fortuna, mas depois de uma,
outra sorte a persegue.
Um das alturas torna pequeno,
outro, um errante, faz feliz.
Ao destino escapar não é permitido, nem por habilidade 615
alguém o afastará, mas aquele que nisso
estiver empenhado sempre terá penas em vão.

Todavia, não esmoreças, mas suporta a vontade dos deuses
e não sofras em excesso
pela dor em teu coração; 620
pois honrada tem a sua quota na morte
a infeliz, pelos irmãos e pela terra,
e não ingloriosa fama vai recebê-la
junto aos homens.
A excelência vem por intermédio de penas. 625
Dignas do pai, dignas da nobre origem
são essas atitudes. Se honras as mortes
dos nobres, isso compartilho contigo.

TERCEIRO EPISÓDIO

(*Entra um servo.*)

SERVO
Saudações, meninos! Onde está o velho Iolau   630
e vossa avó, ausente deste templo?

IOLAU
Aqui estou, ao menos tanto quanto estou presente.

SERVO
Por que estás deitado e tens os olhos abatidos?

IOLAU
Uma preocupação familiar me veio, sobre a qual me debruço.

SERVO
Levanta-te já, endireita a cabeça!   635

IOLAU
Sou um velho e de jeito nenhum tenho forças.

SERVO
Vim, em todo caso, trazendo-te grande alegria.

IOLAU
Quem és tu? Onde te encontrei? Não me lembro.

SERVO
Sou serviçal de Hilo, vendo não me reconheces?

IOLAU
Ó caríssimo! Vieste como nosso salvador dos danos?   640

SERVO
Certamente! E, no mais, agora tens boa sorte.

IOLAU
Ó mãe de valoroso filho, Alcmena,
sai, escuta estas caríssimas palavras,
pois há muito sofrendo derretia tua alma
por causa do retorno deste que chega. 645

(*Alcmena sai do templo.*)

ALCMENA
Por que todo este abrigo por grito foi preenchido,
Iolau? Certamente não aqui presente te trata de novo com violência
algum arauto de Argos, não é? Débil pode ser minha força,
mas é preciso que saibas isto, estrangeiro:
não levarás estas crianças enquanto eu viver! 650
Ou então que eu não seja mais considerada
mãe daquele! Se os tocares com as mãos,
com dois velhos não belamente lutarás!

IOLAU
Coragem, anciã, não temas! Nenhum arauto
de Argos é chegado trazendo palavras hostis. 655

ALCMENA
Por que então ergueste brado que anuncia medo?

IOLAU
Para que fora do templo te aproximasses dele.

ALCMENA
Não entendo; quem é este?

IOLAU
Anuncia que teu neto chegou.

ALCMENA
Oh! Saudações a ti por estas tuas notícias! 660
Mas por que, tendo pisado esta terra, não está aqui?
Onde está agora? Que infortúnio o impede
de aparecer aqui contigo para alegrar meu espírito?

SERVO
Acampa e posiciona o exército com que veio.

ALCMENA
Não mais nos diz respeito este relato.[17] 665

IOLAU
Diz sim. É nossa tarefa indagar sobre esse assunto.

SERVO
O que então desejas saber sobre o que foi feito?

IOLAU
Qual a quantidade dos aliados com os quais está?

SERVO
São muitos. O número exato não sei dizer.

IOLAU
Os líderes atenienses sabem disso, suponho eu. 670

SERVO
Sabem. E mais: colocaram-nos à ala esquerda.

IOLAU
O quê? O exército já está pronto para a ação?

---

[17] Ou seja, a uma mulher e a um velho os assuntos militares não dizem respeito.

SERVO
E as vítimas do sacrifício já foram trazidas de longe das fileiras.

IOLAU
Quão longe está a lança argiva?

SERVO
A uma distância em que se vê o estratego claramente. 675

IOLAU
Fazendo o quê? Será que posicionando as fileiras hostis?

SERVO
Isso inferimos, pois não o distinguíamos.
Mas vou-me embora. Não gostaria que, privados de minha ajuda,
meus senhores enfrentassem os inimigos.

IOLAU
E eu vou contigo, pois o mesmo pensamos: 680
ficar com os amigos, como devemos, e ajudá-los.

SERVO
Dificilmente seria próprio a ti dizer uma tolice.

IOLAU
E também não compartilhar da robusta luta com os amigos.

SERVO
Tua força, meu caro, não é o que foi um dia. 688

IOLAU
Mas ainda assim lutarei em não menos lutas que antes. 689

SERVO
Pequeno é o peso que acrescentas aos amigos. 690

IOLAU
Nenhum dos inimigos suportará me encarar. 687

SERVO
Visão não há que cause ferida sem uso de um braço. 684

IOLAU
Mas o quê? Não golpearei também através do escudo? 685

SERVO
Golpearias, mas antes tu mesmo cairias. 686

IOLAU
Não me detenhas, estando eu pronto para agir. 691

SERVO
De agir não és capaz, de querer talvez.

IOLAU
Como aqui não fico, diz o que mais quiser.

SERVO
Como então sem armadura parecerás um hoplita?

IOLAU
Dentro desse templo há armas cativas 695
que eu usarei. E as devolverei,
se eu viver, mas se morrer, o deus não as pedirá de volta.
Entra lá, pega dos pregos
e me traz uma armadura de hoplita o mais rapidamente.
Vergonhoso é este aqui ficar em casa 700
— enquanto uns lutam, outros por covardia ficam para trás.

(*O servo entra no templo.*)

CORO
O tempo ainda não amainou o ímpeto
teu, que tem vigor, mas teu corpo está esgotado.
Por que se afligir à toa no que te machucará,
e pouco beneficiará nossa cidade? 705
É preciso que tu, em tua idade, combatas essa ideia
e deixes de lado o impossível: não há como
readquirires a juventude de volta.[18]

ALCMENA
Que coisa pretendes, fora de si?
Deixar-me sozinha com meus netos? 710

IOLAU
Dos homens é a valentia; a ti compete cuidar deles.

ALCMENA
Mas como? Se morreres, como sobreviverei?

IOLAU
Os netos que restarem cuidarão de ti.[19]

ALCMENA
Mas e se — que não o seja! — sofrerem algum revés?

IOLAU
Não temas; estes estrangeiros não te entregarão. 715

ALCMENA
De fato é esta a minha coragem, outra não tenho.

---

[18] Como os vv. 288-296, essa admoestação do coro também deveria ser recitada com acompanhamento musical. A ironia é que Iolau, de fato, rejuvenescerá em breve.

[19] Isto é, os netos adultos que estão com Hilo fora de cena.

IOLAU
E a Zeus, eu sei, preocupam tuas penas.

ALCMENA
Ah!
Zeus de mim não ouvirá coisas ruins,
mas ele mesmo sabe se foi piedoso para comigo.

(*O servo sai do templo, carregando armas para Iolau.*)

SERVO
Vês já aqui esta panóplia,
não serias apressado cobrindo teu corpo com ela. 720
É que está próxima a batalha, e Ares detesta mais que tudo
os que se atrasam. Mas, se temes o peso das armas,
siga agora desarmado, e nas fileiras
cobre-te com este ornamento. Enquanto isso, eu o carrego. 725

IOLAU
Bem falaste. Carrega-me as armas
prontas, coloca a lança na minha mão,
e ergue meu braço esquerdo ao guiar meus pés.

SERVO
Devo guiar o hoplita como a uma criança?

IOLAU
Por bons auspícios, devemos seguir firmemente. 730

SERVO
Ah, se fosses capaz de fazer tanto quanto estás disposto!

IOLAU
Apressa-te! Sofreria terrivelmente se perdesse a batalha.

SERVO
É tu que te atrasas, não eu, pensando fazer alguma coisa.

IOLAU
Não vês minha perna como se apressa?

SERVO
Vejo-te imaginando isso, mais do que acelerando. 735

IOLAU
Não dirás o mesmo, quando me vir lá...

SERVO
Fazendo o quê? Gostaria que prosperando, de todo modo.

IOLAU
...batendo através do escudo algum inimigo!

SERVO
Se lá chegarmos algum dia, que esse é meu medo.

IOLAU
Ah, se fosses, ó braço, como lembro 740
que eras na juventude, quando com Héracles
devastaste Esparta, se assim fosses meu aliado!
Dessa forma colocaríamos Euristeu a correr!
Pois decerto é covarde demais para enfrentar a lança!
Na prosperidade, também isto não é certo: 745
a aparência de coragem, pois supomos
que o bem-afortunado tudo bem sabe.

(*Iolau e o servo saem.*)

TERCEIRO ESTÁSIMO

CORO (*cantando*)
Terra e lua da noite inteira
e mais brilhantes raios
do deus que ilumina os mortais, 750
trazei-me mensagem,
gritai no céu
junto ao trono principesco
da brilhante Atena!
Pela terra pátria 755
e por nossas casas,
por termos recebido suplicantes,
prestes estamos a cortar com ferro cinza o perigo.

É terrível que uma cidade
próspera como Micenas e mui enaltecida 760
pela força de sua lança
cólera oculte contra minha terra.
Mas será vil, ó cidade, se estrangeiros
suplicantes entregarmos
às ordens de Argos. 765
Zeus é meu aliado, não temo,
Zeus com justiça me tem
favor, nunca por mim
as divindades serão reveladas menores que os mortais.

Mas, ó senhora, pois teu é o solo 770
desta terra e a cidade, da qual és mãe,
senhora e sentinela,
leva a outra terra aquele que sem justiça
para cá traz de Argos
exército que brande a lança, pois por minha virtude 775
não é justo que eu seja expulso de minha casa.

De fato a honra de muitos sacrifícios
a ti é sempre cumprida,
e não é esquecido o último dia do mês,
nem os cantos dos jovens e as danças dos coros.[20]   780
Sobre ventilada colina,
altos gritos das virgens ecoam
durante toda a noite nos compassos dos pés.

QUARTO EPISÓDIO

(Entra um mensageiro.)

MENSAGEIRO
Senhora, trago os mais belos relatos
para tu ouvires e mais breves para eu contar: 785
vencemos os inimigos e está sendo erguido um troféu
que leva as armas de seus oponentes![21]

ALCMENA
Ó caríssimo, este dia te fez próspero:
estás libertado, graças a essa mensagem.[22]
Mas de um infortúnio ainda não me libertas: 790
pois tenho medo se vivem os que desejo que vivam.

MENSAGEIRO
Vivem, e têm a máxima glória no exército.

---

[20] O último dia do mês seria o dia 28 do mês Hecatombeon (mais ou menos correspondente ao fim de julho ou ao início de agosto). Nesse período, eram realizadas as Panateneias, um grande festival dedicado à deusa Atena, que é aqui aludido.
[21] Traduzo aqui o rearranjo de Hartung para os versos 784-785.
[22] Traduzo correção de Diggle ao verbo do verso 788 (διώλβισεν por διήλασεν).

ALCMENA
E então ainda vive o ancião Iolau?²³

MENSAGEIRO
Certamente, e tendo executado belíssimos feitos, graças aos deuses.

ALCMENA
Mas o quê? Será que algo de valor chegou a disputar?   795

MENSAGEIRO
Mudou-se em jovem novamente de velho que era.

ALCMENA
Espantoso o que dizes! Mas primeiro quero
que tu relates o venturoso combate dos nossos amigos.

MENSAGEIRO
Um discurso meu te explicará tudo.
É que quando os exércitos armados dispusemos,   800
estendendo-os uns de frente aos outros,
Hilo desceu de seu carro de quatro cavalos
e se postou no meio dos dois exércitos.
E então disse: "Ó estratego que de Argos
vieste, por que esta terra não permitimos   805
<   >
<   >
e a Micenas não farás nenhum mal,
privando-a de homens. Em vez disso, junta-te em batalha
sozinho contra mim sozinho, e matando-me leva
os filhos de Héracles, ou morrendo permita-me
ter as honras da casa paterna."²⁴   810

---

²³ Traduzo correção de Elmsley ao texto corrompido.
²⁴ Por descontinuidade sintática e de sentido, identifica-se uma lacuna no texto entre os versos 805 e 806.

E o exército louvou esse discurso,
tanto pelo alívio das penas, quanto pela sua coragem.
Mas Euristeu, sem se envergonhar nem dos que ouviam o discurso,
nem de sua própria covardia como estratego,
não ousou se aproximar da robusta batalha, 815
mas era o mais vil. Como então um homem tal
quis escravizar os filhos de Héracles?
Hilo então se afastou de volta para o batalhão.
E os adivinhos, uma vez que perceberam
que a reconciliação não seria feita por combate solitário, 820
faziam sacrifícios, não demoraram, mas logo despejaram
favorável sangue das gargantas bovinas.
E uns subiam aos carros, outros atrás dos escudos
juntavam flanco contra flanco. E o senhor dos atenienses
o exército exortou como deve um nobre: 825
"Ó concidadãos, a terra que vos alimentou
e que vos gerou é preciso agora defender!"
E o outro, por sua vez, rogava aos aliados
que não envergonhassem Argos e Micenas.
Mas quando a estridente trombeta tirrena 830
deu sinal, e uniram-se em batalha uns contra os outros,
quão grande crês que era o estrépito dos escudos a bater,
quão grande o som de gemidos unidos às lamentações?
Primeiro o ataque da lança argiva
partiu nossas fileiras, depois recuaram. 835
E então pé com pé se confundia,
e homem contra homem se erguia, perseverava a batalha.
Muitos caíram. Havia duas exortações:
"Ó atenienses — ó vós que semeais
o solo de Argos —, não impedireis a vergonha da cidade?" 840
Com dificuldade, tudo fazendo, não sem aflições
colocamos em fuga a lança argiva.
E então o ancião Iolau, vendo que Hilo
avançava, estendeu a destra e suplicou
que o embarcasse no carro hípico. 845
E, tomando nas mãos as rédeas, contra os cavalos

de Euristeu dirigiu-se. Daqui em diante, ouvi
de outros o que poderia contar, tendo visto eu mesmo o que contei
[até agora.
Passando a reverenda rocha de Palene
da diva Atena, Iolau, vendo o carro de Euristeu, 850
rogou a Hebe e a Zeus que por um dia
jovem ele se tornasse e cobrasse justiça
aos inimigos. É possível que de fato ouças um prodígio.
Pois dois astros sobre a parelha hípica
se puseram e esconderam o carro em uma nuvem obscura 855
— dizem os mais sábios que eram teu filho
e Hebe. E ele, da turva escuridão exibiu
o juvenil molde de seus braços jovens.
E o glorioso Iolau captura de Euristeu
o carro de quatro cavalos junto às rochas cirônias. 860
Prendendo com laços suas mãos, ele vem
trazendo o comandante — mais belo espólio! —
que antes era feliz. Por sua presente sorte,
a todos os mortais claramente ele conclama aprender:
aquele que parece afortunado ninguém inveje antes que 865
morto o veja, pois efêmera é a sorte.

CORO
Ó Zeus virador, agora me é possível
encarar o dia livre do medo terrível!

ALCMENA
Ó Zeus, depois de longo tempo cuidaste dos meus males,
ainda assim, tenho gratidão a ti pelo que foi feito. 870
E o meu filho, que antes não acreditei
estar no meio dos deuses, agora sei que certamente está.
Ó crianças, agora sim, agora estais livres de aflições,
livres do ruinosamente funesto
Euristeu sereis, e a cidade paterna 875
vereis, e tomareis posse dos lotes de terra,
e sacrificareis aos deuses paternos, dos quais afastados,

como estrangeiros trazíeis penosa vida errante.
Mas, escondendo o quê, o prudente Iolau foi
poupar Euristeu e não matá-lo? 880
Diz, pois para mim prudente não é isto:
apanhar os inimigos e não cobrar justiça.

MENSAGEIRO
Honrando mais a ti, para que com olhos o visse,
presente e dominado por tua mão.²⁵
De fato, não por vontade própria, mas à força 885
foi atrelado ao inevitável, pois não queria
viver para vir a teus olhos e sofrer punição.
Mas então adeus, ó anciã! E lembra-te
do que primeiro disse quando comecei o relato,
que me libertaria. Em tais questões, é preciso que 890
sem dolo seja a língua dos nobres.

(*Sai o mensageiro.*)

QUARTO ESTÁSIMO

CORO (*cantando*)
Para mim, agradável é a dança, se o agudo
charme da flauta nela acendeu-se.²⁶
E agradável é a mui charmosa Afrodite.
Mas algo deleitoso também é 895
dos amigos à boa sorte assistir
que antes não pareciam tê-la.

---

²⁵ No verso 884, traduzo a conjectura παρόντα ("presente") de Collard pelo κρατοῦντα ("governando") que trazem os manuscritos.
²⁶ Traduzo a conjectura ἐνδεδάεν de Diggle para a leitura †ἐνὶ δαΐ† dos manuscritos.

Pois muito engendra a Moira, doadora
de resultados, e Vida, filha do Tempo. 900

Tens, ó cidade, um justo percurso.
Nunca deves desprender-se disto:
honrar os deuses. E aquele que diz
que não próximo à loucura conduz,
como demonstrado por estas provas, 905
pois claro emblema
o deus transmite, dos injustos
sempre retirando o orgulho.

Ao céu é chegado 910
o teu filho, ó anciã!
Evito a história de que
à casa de Hades desceu, o corpo
incendiado pela chama terrível do fogo.
E toca ele de Hebe o leito 915
amorável, no dourado palácio.
Ó Himeneu!,
dois filhos de Zeus honraste.

Em muita coisa concordam muitos.
Pois assim como dizem que Atena 920
foi protetora do pai destas crianças,
assim também as salvaram
a cidade e o povo dessa deusa.
E conteve a desmedida do homem
cujo coração era violento em vez de justo.
Que jamais me sejam insaciáveis 925
a índole e o espírito!

(*Retorna o servo com o prisioneiro Euristeu.*)

ÊXODO

SERVO
Senhora, podes vê-lo, mas assim mesmo será dito:
trazendo Euristeu a ti viemos,
visão inesperada, e a ele sorte não menos. 930
Pois jamais pensou que chegaria às tuas mãos,
quando de Micenas com seu dolorífero escudo
marchava, pretendendo mais do que o justo, a cidade
de Atenas saquear. Mas o oposto
fez a divindade e mudou a sorte. 935
E então Hilo e o nobre Iolau uma estátua
de triunfo erigiam a Zeus virador,
mas a mim mandaram trazer-te este aqui,
querendo alegrar teu espírito. É que é agradabilíssimo
ver um inimigo passar da boa à má sorte. 940

ALCMENA
Ó odioso, vieste? Capturou-te a justiça, finalmente?
Primeiro vira para cá a cabeça
e ousa olhar de frente os teus inimigos,
pois agora és dominado, e não mais dominas.
És tu aquele, quero saber, 945
que muito ao meu filho, onde quer que esteja agora,
considerou justo insultar, ó perverso, 947
e enviaste-o dizendo que hidras e leões 950
exterminasse? Quanto aos males que maquinavas 951
calarei, que longo me seria o relato! 952
Pois com que coisa não ousaste ultrajá-lo? 948
Tu que até ao Hades vivo o mandaste! 949
E não te satisfizeram tais atos de audácia, 953
mas de toda a Hélade a mim e às crianças
acossavas, mesmo sentados como suplicantes 955
dos deuses, nós que éramos velhos ou ainda crianças!
No entanto, encontraste homens e uma cidade livre,
que não te temeram. É necessário que morras horrivelmente,

e ainda assim lucrarás em tudo — pois seria preciso que não de
[uma vez
morresses tu, que tantas misérias executaste! 960

SERVO
Não é possível a ti matá-lo.

ALCMENA
Por nada, então, o capturamos como prisioneiro de guerra!
Mas que lei é essa que o impede de morrer?

SERVO
Não o aprovam os dirigentes deste território.

ALCMENA
Que é isso? Não lhes parece belo matar os inimigos? 965

SERVO
Não os que capturam vivos na batalha.

ALCMENA
E Hilo tolerou esse parecer?

SERVO
Ele deveria, penso eu, desobedecer esta terra.

ALCMENA
Não deveria este aqui viver nem mais ver a luz!

SERVO
Ele foi injustiçado primeiro quando não morreu. 970

ALCMENA
Acaso não é mais belo dar-lhe justiça?

SERVO
Não há quem o mate.

ALCMENA
Eu o faria. E entretanto digo que sou alguém!

SERVO
Obterás muita censura, se o fizeres.

ALCMENA
Amo esta cidade — isso não poderia ser negado. 975
Mas este homem, depois que estiver em minhas mãos,
não há mortal que o retire.
Diante disso, se alguém quiser dizer "audaciosa"
e "mais arrogante do que convém a uma mulher",
di-lo-á. Mas o feito por mim será executado! 980

CORO
Terrível, mas algo perdoável, ó mulher, é a desavença
que tens com esse homem, bem o sei.

EURISTEU
Mulher, sabe claramente que não te bajularei
nem direi nada a mais por minha alma,
pelo que seria necessário incorrer em covardia. 985
Eu mesmo, não por vontade própria, a discórdia invoquei.
Sabia que eu era primo teu
e parente do teu filho Héracles.
Mas, querendo ou não — pois uma divindade agia —,
Hera me pôs a padecer desta doença. 990
E quando a ele peguei inimizade,
e entendendo que esta contenda eu contenderia,
o criador de muitos males me tornei
e a muitos dei à luz, sempre conferenciando com a noite
como dispersaria e mataria meus inimigos, 995
para no futuro não viver com medo,

sabendo que teu filho não era mero número,
mas homem de verdade — pois, ainda que fosse meu inimigo,
ouvirá palavras nobres, como homem valoroso que era.
Tendo ele partido, não era necessário que eu, 1000
odiado por estas crianças e sabedor
do ódio hereditário, toda pedra movesse
para matá-los e exilá-los, maquinando contra eles?
Assim fazendo, seguros estariam meus interesses.
Certamente tu, assumindo minha sorte, 1005
a prole hostil do leão inimigo
não enxotarias, mas sobriamente permitirias
que vivessem em Argos... A ninguém convencerias!
Agora então, já que não me mataram naquele momento,
quando estava ansioso por isso, pelas leis dos helenos, 1010
morrendo eu não seria puro àquele que me matasse;
e a cidade sensatamente me dispensou, o deus
muito mais honrando do que a inimizade dela a mim.
Falaste, ouviste minha resposta. Daqui para a frente é preciso
que eu seja chamado Aquele que Pede Vingança e Nobre. 1015
Assim, no entanto, é a situação para mim: morrer não
quero, mas de todo não me afligiria em deixar a vida.

CORO
Um ligeiro conselho quero te dar, Alcmena:
dispensa este homem, já que assim julga a cidade.

ALCMENA
E se ele morrer e à cidade obedecermos? 1020

CORO
Melhor ainda seria. Como então será isso?

ALCMENE
Explicá-lo-ei facilmente. É que após matá-lo,
seu cadáver então darei aos amigos que vierem buscá-lo;
no que diz respeito ao corpo, não desobedecerei à urbe,
mas ele me dará justiça ao morrer. 1025

EURISTEU
Mata-me, não te imploro. E já que esta cidade
me absolveu e teve vergonha de me matar,
com antigo oráculo de Lóxias presenteá-la-ei,
o qual ajudará mais do que parece com o tempo.
Pois morrendo me enterrareis onde está destinado, 1030
defronte à divina virgem de Palene;
e a ti e à cidade como benévolo protetor
estrangeiro sempre jazerei debaixo da terra,
e aos destes aqui nascidos serei o mais hostil,
quando para cá vierem com muitas tropas, 1035
este favor traindo: tais estrangeiros
defendestes. Como então, isto tendo ouvido,
para cá vim, em vez de respeitar o oráculo do deus?
Pensava ser Hera muito mais forte do que a predição
e que não me trairia. E nem libações nem sangue 1040
permitais que em minha tumba sejam derramados
— pois em troca disso a eles darei infausto
retorno. Dupla vantagem de mim tereis:
a vós beneficiarei e a eles prejudicarei ao morrer.

ALCMENA
Por que então demorais para este homem 1045
matar, tendo tais coisas ouvido, se é destino
salvação obter para a cidade e para os vossos?
Ele nos aponta o mais seguro caminho.
Hostil é o homem, e é útil morrendo,
trazei-o, escravos, deveis então matá-lo 1050
e dá-lo aos cães. Não esperes que, sobrevivendo,
de novo me expulsarás da terra pátria!

CORO
Assim me parece bom. Ide, servos,
pois nossos atos
sem mácula serão aos reis. 1055

HIPÓLITO

PERSONAGENS DO DRAMA

AFRODITE
HIPÓLITO
SERVO
CORO DE MULHERES DE TREZENA
AMA
TESEU
MENSAGEIRO
ÁRTEMIS

PRÓLOGO

(A cena se passa em frente ao palácio de Trezena. Duas estátuas, uma de Afrodite, outra de Ártemis, estão no palco).

AFRODITE
Grandiosa entre os mortais e não inglória
deusa também no céu, Cípris sou chamada.[1]
E tantos quantos entre o mar e os confins de Atlas
habitam, vendo a luz do sol,
os que reverenciam meu poder eu favoreço,   5
mas faço cair aqueles que são arrogantes para comigo.
É que isto há, de fato, entre a estirpe dos deuses:
comprazem-se em ser honrados pelos homens.
Demonstrarei brevemente a verdade dessas palavras.
Com efeito, o filho de Teseu, prole de uma Amazona,   10
Hipólito, aprendiz do casto Piteu,
sozinho entre os cidadãos desta terra de Trezena
diz que sou eu a pior das divindades:
dispensa o tálamo e não tende a núpcias,
mas a irmã de Febo, Ártemis, filha de Zeus,   15
ele honra, considerando-a a maior das divindades.[2]

---

[1] Cípris ou Cípria e Citereia são nomes alternativos de Afrodite, deusa do amor erótico, do prazer e da beleza.
[2] Na mitologia, Piteu fundou Trezena, no Peloponeso, unificando duas cidades. Piteu é avô de Teseu, atual rei de Trezena. Hipólito era filho de Teseu com uma das Amazonas, Antíope ou Hipólita. Febo é outro nome de Apolo, divindade relacionada ao sol, à verdade, às profecias e à música.

Pelos verdes bosques, à virgem unindo-se sempre,
com cadelas velozes, extirpa as bestas da terra,
tendo encontrado companhia mais do que mortal.
A estes não invejo, pois que me importa?   20
Mas, pelo mal que fez contra mim, vingar-me-ei
de Hipólito neste mesmo dia;
muito já adiantei, de muito esforço não mais preciso.
Pois, certa vez, indo ela da casa de Piteu
para o espetáculo e cerimônia dos sagrados mistérios,   25
na terra de Pandião, a bem-nascida esposa de seu pai,
Fedra, viu-o e foi tomada em seu coração
por um amor terrível, graças aos meus desígnios.[3]
E antes de voltar a esta terra de Trezena,
junto à rocha de Palas, visível   30
desta terra, um templo de Cípris lá ela fundou,
porque amou amor distante; junto a Hipólito
doravante dirão estar posta a deusa.[4]
E então Teseu deixou a terra cecrópia,
fugindo da mácula de sangue dos palântidas,   35
e a esta terra navegou com sua esposa,
tendo concordado com um exílio de um ano longe de casa;[5]
desde então a infeliz lamenta, exasperada
pelos aguilhões do amor, perece
em silêncio, e nenhum dos escravos sabe de sua doença.   40
Mas não é assim que este amor deve acabar;
revelarei a Teseu a situação e a trarei à luz.
E o jovem que me é hostil,

---

[3] Pandião foi um rei lendário de Atenas, pai de Erecteu, Butes, Procne e Filomela. É próprio da tragédia nomear cidades a partir de seus reis lendários. O mesmo acontece nos vv. 34 e 151.

[4] A rocha de Palas mencionada é a Acrópole ateniense, onde ficavam um santuário dedicado a Afrodite e outro a Hipólito.

[5] Os palântidas eram os filhos de Palas, sobrinhos do rei Egeu. Depois da morte de Egeu, seu filho Teseu disputou com Palas e os palântidas o domínio sobre Atenas. Teseu conseguiu vencê-los, matando-os em uma emboscada, mas o crime de sangue forçou o exílio temporário de Teseu.

matá-lo-á o pai com as maldições que o senhor
marinho Posídon concedeu a Teseu como dádiva: 45
nada rogar, em vão, por três vezes ao deus.
E, ainda que bem-afamada, assim mesmo, morrerá
Fedra, pois o mal dela não levarei em alta conta,
para dar aos meus inimigos
a justiça que me pareça bela. 50
Mas eis que vejo o filho de Teseu
aproximando-se, tendo abandonado os afãs das feras,
Hipólito; sairei deste lugar.
E uma numerosa procissão de servos junto dele
grita honrando a deusa Ártemis 55
com hinos — pois ainda não sabe que estão abertos os portões
do Hades e que vê a luz pela última vez.

(*Sai Afrodite. Entram Hipólito e seus servos,
carregando uma coroa.*)

HIPÓLITO (*cantando*)
Sigam-me, sigam-me, cantando
a filha celeste de Zeus,
Ártemis, nos cuidados de quem estamos. 60

HIPÓLITO E SERVOS (*cantando*)
Senhora, senhora, reverendíssima,
de Zeus descendente,
salve, salve, ó filha
de Leto e de Zeus, Ártemis, 65
de longe a mais bela das virgens,
que no grande céu
habitas, na corte do nobre pai,
morada de Zeus, rica em ouro.
Salve, ó mais bela, 70
mais bela de quantas há no Olimpo!

HIPÓLITO
A ti esta guirlanda trançada de inviolado
prado, que eu preparei, ó senhora, trago,
de lá onde nem o pastor ousa alimentar os animais 75
e onde nem o ferro jamais chegou, inviolado prado,
por onde as abelhas passam na primavera,
e o Pudor o cultiva com águas fluviais
para aqueles a quem nada foi ensinado, mas em sua natureza
foi-lhes designada a moderação contínua em tudo, 80
— para esses colhê-lo, enquanto aos vis isso não é lícito.
Contudo, ó querida senhora, para tua cabeleira dourada
aceita esta coroa de mãos piedosas,
pois apenas eu entre os mortais tenho esta dádiva:
a ti unir-me e trocar palavras, 85
ouvindo tua voz, mas nunca vendo tua face.
Que eu cruze o fim da vida assim como a iniciei!

SERVO
Senhor — pois os deuses é que devem ser chamados soberanos —,
aceitarias de mim um conselho, se fosse bom?

HIPÓLITO
Sim, com certeza! Caso contrário, não pareceria sábio. 90

SERVO
Então conheces um costume que foi estabelecido entre os mortais?

HIPÓLITO
Não conheço. Sobre o que me perguntas?

SERVO
Odiar a soberba e o que não é a todos amigável.

HIPÓLITO
Perfeitamente. Mas para quem entre os mortais a soberba não é
um fardo?

SERVO
E não há uma certa virtude na cortesia? 95

HIPÓLITO
E muita — e o lucro vem com pouco esforço.

SERVO
E para os deuses não supões o mesmo?

HIPÓLITO
Sim, se nós mortais seguimos os costumes dos deuses.

SERVO
Como então não te diriges a uma soberba divindade?[6]

HIPÓLITO
Qual? Cuidado para que tua boca não cometa um lapso. 100

SERVO
Aquela que foi posta entre os portões, Cípris.

HIPÓLITO
De longe, cumprimento-a — sou casto.

SERVO
É soberba, de fato, e notável entre os mortais.

HIPÓLITO
Não me agrada um deus que durante a noite é cultuado. 106

---

[6] O adjetivo σεμνήν no bom sentido de "augusta", "veneranda" é um epíteto comum e apropriado a Afrodite. Todavia, nos vv. 93-94, o servo e Hipólito concordaram que o τὸ σεμνόν, no mau sentido de "soberba", "arrogância", é odiável. Para manter o sentido ambíguo da palavra, traduzimo-la sempre por "soberba". Com esse jogo de sentidos, Eurípides parece indicar que a deusa comete a mesma falta de Hipólito: ela também é soberba e se vingará do herói por esse motivo.

SERVO
Com honras, ó filho, os deuses é preciso tratar. 107

HIPÓLITO
Cada um tem seus interesses, deuses e também homens. 104

SERVO
Que sejas feliz — e tenhas o juízo que te falta! 105

HIPÓLITO
Ide, servos, entrai na casa 108
e cuidai da refeição — prazerosa é a mesa
cheia depois da caça. É preciso escovar 110
os cavalos para que, atrelando-os aos carros,
depois de satisfeito de comida, eu os exercite como apropriado.
E à tua Cípris eu mando belas saudações!

(Saem Hipólito e o coro de servos)

SERVO
Eu, entretanto, uma vez que os jovens não devemos imitar
quando assim pensam, como convém aos escravos falar, 115
ofereço preces à tua estátua,
senhora Cípris: é preciso ter tolerância.
Se, por força da juventude, alguém tem o peito violento
e te diz profanidades, finge não ouvi-lo.
Pois é preciso que os deuses sejam mais sábios do que os mortais. 120

(Sai o servo. Entra o coro de mulheres de Trezena.)

PÁRODO

CORO (*cantando*)
Do Oceano uma certa pedra goteja água, é o que dizem,
derramando das falésias um fluxo corrente,
que é mergulhado em vasos,
lá estava uma amiga minha, 125
molhando os mantos purpúreos na água do rio
e deitando-os no dorso de uma pedra quente ao sol
— de lá me veio primeira notícia da minha senhora.[7] 130

Afligida no leito enfermo, mantém-se
dentro de casa, e um delicado manto escurece sua loira cabeça.
E eu ouço que, pelo terceiro dia, está em jejum da boca 135
e conserva o corpo puro dos grãos de Deméter,
desejando, por uma dor secreta,
alcançar o infortunado termo da morte. 140

Será que vagas possuída, ó jovem,
por Pã ou Hécate,
ou pelas reverendas coribantes,
ou pela mãe montanhesa?
Ou te consomes por alguma falta a Dictina 145
das muitas feras,
sacrílega pelas oferendas não feitas?
É que ela também vaga pelo lago
e pela parte seca acima do pélago
no úmido turbilhão do mar.[8] 150

Ou será que teu esposo, chefe
dos Erecteidas, o bem-nascido,
alguém da casa cuida dele

---

[7] Segundo a mitologia, Oceano era um rio que circundava toda a terra.
[8] Dictina é uma divindade cretense assimilada a Ártemis, por sua associação à agricultura e às bestas selvagens.

em união escondida de teu leito?
Ou será que algum marinheiro 155
navegou desde Creta
até o porto mui hospitaleiro aos navegantes,
trazendo notícia à rainha
e, pelo pesar dos acontecimentos,
na cama, seu espírito está atado? 160

É comum às difíceis harmonias das mulheres
viver infeliz e perniciosa impotência
que vem com as dores do parto e insensatez.
Certa vez, pelas minhas entranhas revirou-se este vento,
mas eu chamei a celestial protetora dos partos,
aquela dos arcos, Ártemis,
e mui invejável ela sempre me visita, com a graça dos deuses.

CORO
Mas eis a velha ama junto aos portões, 170
trazendo-a para fora do palácio.
Uma nuvem soturna cresce sobre seus sobrolhos;
por que será, quer saber o espírito,
que está machucado
e de cor alterada o corpo da rainha.

PRIMEIRO EPISÓDIO

(*Entram a Ama e Fedra, que está em uma espécie de maca.*)

AMA
Ó males dos mortais, odiosas doenças,
o que fazer, e o que não fazer?
Aqui está tua claridade, teu éter luminoso,
fora da casa já está o tálamo do teu leito enfermo. 180
Até aqui, sair era tua única palavra,

mas logo para a cama te apressarás de volta.
Pois logo te frustras e em nada achas graça,
e não te agradas com as coisas próximas,
enquanto as distantes consideras mais queridas.   185
Mas é melhor estar doente que cuidar do doente:
aquilo é uma coisa só, enquanto isto combina
o sofrimento dos nervos e o labor das mãos.
Inteiramente dolorosa é a vida dos mortais,
e não há pausa para os labores.   190
Mas o que quer que seja mais amado que o viver,
a escuridão o esconde entre nuvens.
Amantes desditosos claramente somos
de qualquer coisa que brilhe aqui sobre a terra,
por ignorância de outra vida   195
e sem prova do que está sob a terra.
Por mitos vãos somos levados.

FEDRA
Levantai meu corpo, sustentai-me a cabeça,
está solta a junção dos meus amados membros.
Segurai, servas, minhas mãos de belos braços.   200
Pesado me é o enfeite da cabeça,
tirai-o, espalhai os cachos sobre os ombros.

AMA
Coragem, filha, e não vires
rudemente o corpo.
Com calma e espírito nobre,
levarás facilmente a doença.   205
Penar aos mortais é forçoso.

FEDRA (*cantando*)
Ai, ai!
Como eu tiraria de uma fonte orvalhada
um trago de água pura
e sob os choupos, no espesso prado,   210
reclinada, descansaria!

AMA
Ó filha, que dizes?
Não pronuncies tais coisas diante da multidão,
proferindo palavras montadas na loucura!

FEDRA (*cantando*)
Levai-me à montanha: vou para o bosque, 215
junto aos pinheiros por onde os cães
matadores de feras pisam,
cercando os cervos malhados.
Pelos deuses! Amo gritar aos cães
e além da cabeleira dourada lançar 220
haste tessália, segurando o dardo farpado
na mão.[9]

AMA
Por que, filha, te afliges com isso?
Por que a dedicação à caça?
Por que a fonte manancial desejas? 225
Junto aos muros, há um declive orvalhado,
de onde haveria um trago para ti.

FEDRA (*cantando*)
Ártemis, senhora do lago salgado
e do hipódromo do fragor dos cavalos,
ah, se eu estivesse em teus terrenos, 230
domando potros enéticos![10]

AMA
E que palavra, fora de si, novamente lanças?

---

[9] A "haste tessália" se refere a uma arma típica da Tessália, usada na caça a veados.
[10] Em Trezena, era celebrado o festival de Ártemis Sarônia, junto a um lago onde um rei chamado Saron teria sido salvo pela deusa. Potro "enético" quer dizer da região do Vêneto, no norte do mar Adriático.

Agora então ias à montanha, pelo desejo da caça
preparando-se, agora junto às areias
intocadas pelo mar, anseias pelos potros. 235
Digno é isto de muita adivinhação:
qual dos deuses te desencaminha
e desarranja tua mente, ó filha.

FEDRA
Infeliz de mim, que fiz?
Por onde perambulei, distante do bom senso? 240
Fui enlouquecida, caí pela ruína de alguma divindade.
Ai, ai, miserável!
Mãe, cobre novamente minha cabeça,
que estou envergonhada pelo que disse.
Esconda-me! Dos meus olhos caem lágrimas, 245
e do meu olhar fez-se vergonha.
Ter o juízo em ordem causa dor,
enquanto o estar louco é um mal,
todavia é melhor, não sabendo, perecer.

AMA
Cubro. Mas quando a morte 250
esconderá o meu corpo?
Muito me ensinou a longa vida:
é preciso que seja moderado o amor
que uns aos outros os mortais misturam
e que não chegue ao extremo do âmago da alma, 255
mas que as afeições do coração sejam fáceis de desatar,
fáceis de apertar ou afrouxar.
Difícil fardo é uma única alma
padecer por duas, como eu
por ela padeço. 260
Dizem que um estilo de vida inflexível
mais derruba que alegra
e mais ataca a saúde:
por isso menos louvo o excesso

que a moderação.
Concordarão comigo os sábios. 265

CORO
Velha mulher, ama de confiança da rainha,
vemos aqui a infeliz sina de Fedra,
mas indistinta para nós é qual seja essa doença:
ouvi-lo e aprendê-lo de ti gostaríamos. 270

AMA
Não sei, mesmo tendo perguntado, pois não quer dizer.

CORO
Nem que começo teve essas desgraças?

AMA
O mesmo atinges, pois sobre tudo isso ela se cala.

CORO
Como está fraco e carcomido o corpo!

AMA
E como não, estando em jejum já pelo terceiro dia? 275

CORO
Acaso está tomada pela Ruína? Ou vem tentando morrer?

AMA
Morrer? Jejua, decerto, para partir-se da vida.

CORO
Coisa espantosa dizes, se isso ao marido satisfaz.

AMA
É que ela esconde esta desgraça e não declara estar doente.

CORO
Mas não o presume, vendo o seu rosto?   280

AMA
Acontece que está longe desta terra.

CORO
Mas não empregas tu a força, tentando
saber a doença dela, o que desvia seu coração?

AMA
Tudo fiz, e nada mais consegui.
Mas nem por isso descuidarei agora dos meus zelos,   285
para que tu, presente, também me testemunhes
como fui aos meus infortunados senhores.
Vamos, ó amada criança, as palavras de antes
esqueçamos ambas, tu torna-te mais graciosa,
o soturno sobrolho deixando e a trilha do teu juízo,   290
e eu, por onde não bem te seguia,
abandonando-o, parto para uma fala melhor.
E, se estás doente de algum mal dos indizíveis,
estas aqui são mulheres para te ajudar na cura da doença.
Mas, se teu estado for noticiável aos homens,   295
fala para que a situação seja revelada aos médicos.
Pois bem, por que te calas? Não deverias calar-te, filha,
mas ou me refutar, se não belamente digo algo,
ou aquiescer às bem articuladas palavras.
Fala alguma coisa, olha para cá! Ó infeliz de mim!,   300
mulheres, em vão nos esforçamos nestas lidas.
Distantes estamos como antes, pois nem então
foi amolecida por palavras, como agora também não é persuadida.
Mas sabe ainda — diante disso, sê mais teimosa
do que o mar! —, se morreres, terás traído teus filhos,   305
que não partilharão da casa paterna;
digo-o pelo nome da senhora equina Amazona,
que gerou um senhor para os teus filhos,

um bastardo que pensa ser legítimo, conhece-o bem,
Hipólito... FEDRA. Ai de mim! AMA. A ti isso toca? 310

FEDRA
Aniquilaste-me, mãe, e pelos deuses
eu te imploro: doravante cala-te sobre este homem.

AMA
Vês? Bem ajuízas, mas ainda que ajuizando não queres
beneficiar os filhos e preservar tua vida.

FEDRA
Amo os filhos; pela tempestade de outra sina sou arrebatada. 315

AMA
Puras de sangue tens as mãos, ó filha?

FEDRA
As mãos estão puras, mas o coração leva uma mácula.

AMA
Mas não por feitiço ruinoso de algum inimigo?

FEDRA
Um amigo me destrói, sem que eu queira, sem que ele queira.

AMA
Teseu perpetrou alguma falta contra ti? 320

FEDRA
Que eu nunca seja vista fazendo-lhe mal!

AMA
Então que coisa terrível te incita a morrer?

FEDRA
Deixa-me errar, pois não é contra ti que erro.

AMA
Não por meu querer, mas por tua causa terei falhado.

FEDRA
Que fazes? Obrigas-me, agarrada à minha mão?[11]　　　325

AMA
E aos teus joelhos, e nunca soltarei!

FEDRA
Um mal a ti isto será, ó infeliz, um mal!, se o ouvires.

AMA
Que mal maior há para mim do que não te ter?

FEDRA
Destruir-te-á. A mim o caso traz honra.

AMA
E então o escondes, ainda que eu suplique por coisa boa?　　　330

FEDRA
É que de coisas vergonhosas forjo uma nobre.

AMA
Acaso dizendo não parecerias mais honrada?

FEDRA
Parte, pelos deuses, solta minha destra!

---

[11] A fala sinaliza que aqui a ama assume a posição tradicional de suplicante, agarrando as mãos e os joelhos de Fedra.

AMA
Não, já que não dás o presente que é preciso.

FEDRA
Darei, tenho pudor da tua mão reverente. 335

AMA
Eu já me calo, daqui em diante é tua a palavra.

FEDRA
Ó miserável mãe, que amor amaste![12]

AMA
O que teve pelo touro, filha? Mas por que dizes isso?

FEDRA
E tu também, ó infeliz irmã, de Dioniso esposa.[13]

AMA
Filha, de que padeces? Injurias os parentes? 340

FEDRA
E eu, a terceira, como infeliz pereço!

AMA
Estou atordoada. Para onde avançará tua fala?

FEDRA
Desde lá, não de agora, sou infortunada!

---

[12] A mãe de Fedra era Pasífae, esposa de Minos. Amaldiçoada, ela se apaixonou por um touro, dando à luz ao Minotauro.

[13] Na versão mais conhecida da história, Ariadne, irmã de Fedra, ajudou Teseu a escapar do labirinto do Minotauro, mas foi abandonada por ele na ilha de Naxos e depois se tornou esposa de Dioniso. Em outra versão, talvez mais apropriada ao contexto da fala de Fedra, o contrário acontece: Ariadne abandona Dioniso para ficar com Teseu e depois é punida por isso.

AMA
Nada mais sei daquilo que quero escutar.

FEDRA
Oh! Se tu me dissesses o que é preciso que eu diga! 345

AMA
Não sou adivinha para discernir o obscuro claramente.

FEDRA
O que é isto que dizem os homens — estar apaixonado?

AMA
A coisa mais prazerosa, criança, e dolorosa ao mesmo tempo.

FEDRA
Nós ao segundo tipo estamos sujeitos.

AMA
Que dizes? Estás apaixonada, ó filha? Por qual homem? 350

FEDRA
Quem quer que seja este, o filho da Amazona...

AMA
Hipólito disseste?   FEDRA De ti, não de mim, ouves isso.

AMA
Ai de mim, o que dizes, filha? Como me destróis!
Mulheres, isto não é suportável, não suportamos
viver! Odioso este dia, odiosa luz contemplo! 355
Lançarei, deitarei o corpo, serei liberada
da vida morrendo. Adeus, não mais existo!
Os ponderados, sem querer, mas assim mesmo,
apaixonam-se pelas torpezas. Cípris não seria, afinal, uma deusa,
mas algo mais forte que um deus se torna, 360
que a ela, a mim e a essa casa destruiu.

CORO (*cantando*)
Ouviste? Escutavas?
Os inauditos
sofrimentos, canções lamentadas pela rainha?
Que eu pereça, amiga,
antes que eu alcance o teu coração! Ai de mim, ai, ai! 365
Ó infeliz por essas dores!
Ó lidas que alimentam os mortais!
Estás destruída, torpezas revelaste à luz.
Quem durante todo o curso do dia resta a ti?
Cumprir-se-á algo novo na casa. 370
Não mais indistinta é a sorte
pela qual Cípris te consome, ó infeliz criança de Creta!

FEDRA
Mulheres de Trezena, que habitais este extremo,
frontispício do território de Pélops,
já outrora, de noite, por um longo tempo, 375
refleti sobre a morte, pela qual é aniquilada a vida.
E a mim parece que não pela natureza do bom senso
agem mal os mortais, pois o bem ajuizar há
para muitos, contudo é preciso considerar isso assim:
o nobre conhecemos e entendemos, 380
mas não o executamos, alguns por preguiça,
outros porque preferem um prazer em detrimento do belo,
algum outro. Muitos prazeres há na vida:
longas discussões e ócio, prazeroso mal,
e também o pudor, de que dois tipos há, um não é mau, 385
mas o outro é um fardo para sua casa. Se o apropriado fosse claro,
não existiriam dois com as mesmas letras.
E então, porquanto tenho pensado assim,
não há droga tal que me corrompa,
de modo que eu incida em opinião contrária. 390
Direi a ti também o caminho do meu juízo.
Depois que o amor me feriu, considerei como
mais belamente o suportaria. Comecei então

por isto: calar o assunto e esconder a doença.
É que a língua em nada é confiável, 395
as mentes alheias dos homens sabe aconselhar,
mas ela mesma por si granjeia os maiores males.
Em segundo lugar, a loucura bem suportar
planejei, vencendo-a pelo autocontrole.
Em terceiro lugar, porquanto não consegui 400
dominar Cípris, morrer pareceu-me
— ninguém o contestará — o melhor dos planos.
Ah, sim! Que eu não passe despercebida praticando belas ações,
mas que, praticando ações vergonhosas, não tenha muitas testemunhas.
Mas sabia que ato e doença eram inglórias, 405
e, além disso, sendo mulher, bem sabia ser
coisa odiosa a todos. Que feneça o mais terrivelmente
aquela que primeiro envergonhou o leito
com homens de fora. De nobres casas,
este mal às fêmeas começou, 410
pois quando o vergonhoso for apreciado pelos bons,
com certeza aos vis parecerá belo.
Odeio também as que são moderadas nas palavras,
mas em segredo granjeiam ousadias nada belas.
Como, ó senhora Cípris marinha, 415
elas olham nos rostos dos consortes,
e não se arrepiam de a escuridão, sua aliada,
e as vigas da casa, um dia, lançarem voz?
A nós, é isso que nos mata, amigas,
que nunca eu seja pega envergonhando o meu marido, 420
nem os filhos que dei à luz, mas que livres,
com liberdade de fala, cresçam a morar na cidade
de Atenas renomada e tenham boa fama no que diz respeito à mãe.
É que se torna escravo o homem, ainda que seja alguém de ânimo
[corajoso,
quando sabe das vilezas da mãe ou do pai. 425
Uma só coisa dizem competir com a vida:
ter um juízo justo e nobre.
Os vis entre os mortais o tempo revela, uma hora ou outra,

pondo-lhes à sua frente um espelho, como a uma jovem virgem,
— junto a esses, que eu jamais seja vista! 430

CORO
Oh, oh, a bela temperança, como está em toda parte,
e que nobre reputação colhe entre os mortais!

AMA
Senhora, a mim teus infortúnios há pouco
causaram-me, de pronto, um medo terrível,
mas agora penso ter sido simplória; entre os mortais, 435
os segundos pensamentos, julgo eu, são mais sábios.
Nada de fora do comum ou inexprimível
tens sofrido, mas sobre ti recaiu a ira da deusa.
Estás apaixonada (por que o espanto?), também estão muitos mortais.
E por causa do amor acabarás com tua alma? 440
Então não há vantagem aos que amam o próximo,
ou estão para amar, se é preciso que morram.
Pois Cípris é irresistível se flui com vigor;
àquele que lhe cede, ela segue gentilmente,
mas aquele que encontra altivo e arrogante, 445
tomando-o, que pensas?, insulta-o.
Vaga através do éter, está nas marinhas
ondas Cípris, tudo dela foi gerado:
é ela quem engendra e distribui o amor,
do qual todos nós sobre a terra somos cria. 450
Todos quantos os escritos dos antigos
possuem, e eles mesmo estando sempre entre as musas,
sabem que Zeus, certa vez, desejou união
com Sêmele, e sabem como outrora arrebatou
Céfalo para perto dos deuses, a que lindamente brilha, Aurora, 455
por causa do amor. E assim mesmo no céu
vivem e não fogem para longe dos pés dos deuses,
mas amam, creio eu, vencidos pelas circunstâncias.
E tu não o suportarás? Seria preciso que tu, sob termos declarados,
teu pai gerasse, ou sob outros deuses soberanos, 460

se não amas estas leis.
Quantos, julgas tu, dos que realmente têm bom senso,
vendo o leito doente, parecem não vê-lo?
E quantos pais ajudam os filhos
que cometem faltas por Cípris? Ah, sim, esta é uma das coisas
[sábias 465
entre os mortais: esconder o que não é belo.
Não é necessário aos mortais aperfeiçoar demais sua vida,
pois nem o telhado pelo qual é coberta a casa
bem ajustarias. Tendo caído em um infortúnio
como o teu, como pensas escapar a nado? 470
Contudo, se o bem que tens é maior que o mal,
sendo humana, és afortunada.
Mas, ó amada criança, deixa os males do coração,
deixa de ser insolente, pois não é outra coisa que insolência
isto de querer ser melhor que os deuses. 475
Ousa amar! Um deus quis assim.
Já que ficaste doente, subjuga a doença de algum modo.
Existem feitiços e palavras encantatórias;
aparecerá alguma droga para tua doença.
Os homens demorariam a descobri-los 480
se nós, mulheres, não descobríssemos tais artifícios.

CORO
Fedra, essa aí disse o mais útil
diante das atuais circunstâncias, mas é tu que eu louvo.
Esse elogio é mais difícil que as palavras dela
e mais doloroso para tu ouvir. 485

FEDRA
É isto o que as cidades bem habitadas dos mortais
e as casas destrói: as palavras belas demais.
Não se deve falar qualquer coisa agradável aos ouvidos,
mas aquilo pelo que alguém se tornará bem-afamado.

AMA
O que pronuncias tão solenemente? Palavras elegantes 490
não são o que te falta, mas um homem. Para que rápido se entenda,
falemos francamente sobre ti.
Com efeito, se tua vida não estivesse sob circunstâncias
tais, e fosses uma mulher prudente,
por teu prazer sexual eu nunca 495
te levaria a este ponto. Mas agora a contenda é grande,
salvar tua vida, e não censurável é isso.

FEDRA
Oh, que coisas terríveis disseste! Não fecharás a boca,
e liberarás novamente as mais vergonhosas palavras?

AMA
Vergonhosas, mas são melhores para ti do que as belas. 500
E melhor a ação, se te salvará,
do que o nome, pelo qual tu morrerás em seu orgulho.

FEDRA
Não, pelos deuses — pois bem falas, mas coisas vergonhosas —,
não sigas adiante! É que bem subjugada está
minha alma ao amor, e o vergonhoso falas belamente 505
— naquilo de que agora fujo serei consumida!

AMA
Se assim te parece... Não deverias errar,
mas se então erras, confia em mim, pois este é o segundo favor.
Há na minha casa filtros encantatórios
para o amor — veio-me agora à mente —, 510
os quais não com ultraje ou dano ao teu coração
cessarão esta doença, se tu não te tornares indigna.
Precisa-se tomar algo daquele que é desejado:
uma marca, alguma mecha ou um pouco do peplo,
para juntar os dois em uma só graça. 515

FEDRA
Mas é para ser untada ou bebida a droga?

AMA
Não sei. Almeja tirar proveito dela, não estudá-la, filha.

FEDRA
Temo que pareças sabida demais para mim.

AMA
Tudo te apavoras, tu sabes. Mas o que te amedronta?

FEDRA
Que reveles algo do que disse para o filho de Teseu. 520

AMA
Deixa-o, ó criança, belamente isso arranjarei.
Que apenas sejas tu, senhora Cípris marinha,
minha partidária. Quanto às outras coisas que penso,
às nossas amigas de dentro será suficiente dizer.

(*Vai a Ama para dentro do palácio.*)

PRIMEIRO ESTÁSIMO

CORO (*cantando*)
Eros, Eros, o que pelos olhos 525
goteja desejo, trazendo doce
graça à alma dos que combate,
não me apareças com malefício,
nem me venhas descompassado.
Oh, sim! Nem dardo de fogo, nem dos astros é superior 530
àquele de Afrodite, o qual lança de suas mãos
Eros, filho de Zeus.

Em vão, em vão, junto ao Alfeu, 535
e na casa pítia de Apolo,
o solo da Hélade sacrifício bovino avulta,
se Eros, senhor dos homens,
que de Afrodite
tem a chave dos amados tálamos, não veneramos, 540
ele que devasta e em toda adversidade lança
os mortais, quando vem.[14]

A ecália potra 545
a leito não ajoujada,
antes sem marido, solteira,
da casa de Êurito ajoujada,
como náiade em fuga, ou bacante, 550
com sangue, com fumaça,
em sangrentas núpcias,
ao filho de Alcmena deu-a Cípris,
ó miserável himeneu![15]

Ó sagrada muralha de Tebas, 555
ó boca de Dirce,
poderias confirmar como Cípris se move:
ao flamejante trovão
a mãe do duas vezes nascido Baco 560
deu em casamento, em sangrenta
sina ninou-a.[16]
É que terrível a tudo ela agita
e, tal como alguma abelha, voa de lá para cá.

---

[14] O rio Alfeu passa perto de Olímpia, e a casa pítia de Apolo se refere a Delfos — dois importantes sítios de culto a Zeus e Apolo.

[15] A estrofe se refere a Iole, filha do rei da Ecália. Como se apaixonara por ela, Héracles saqueou sua cidade, matou sua família e levou-a à força.

[16] A antístrofe fala de Sêmele, que gerou Baco/Dioniso em união a Zeus. Iludida por Hera, que lhe disse que pedisse a Zeus que se mostrasse em todo o seu esplendor, Sêmele morreu fulminada. Como estava grávida de Dioniso, o filho nasceu prematuro, então Zeus costurou-o à sua coxa para terminar de gestá-lo, sendo Dioniso, por isso, "duas vezes nascido".

SEGUNDO EPISÓDIO

FEDRA
Silenciai, mulheres! Estamos arruinadas. 565

CORO
Que há de terrível no palácio, Fedra, para ti?

FEDRA
Detende-vos! Que eu compreenda a voz dos de dentro.

CORO
Silencio, mas com certeza um mau proêmio isso é.

FEDRA (*cantando*)
Ai de mim, ai, ai!
Ó miserabilíssima que sou pelos meus males! 570

CORO (*cantando*)
Que relato bradas? Que palavra gritas? 572
Conta: que rumor te aterroriza, mulher,
que ataca teu coração?

FEDRA
Estamos acabadas! Colocai-vos nestes portões 575
e ouvi que tipo de clamor cai no palácio.

CORO (*cantando*)
Tu que estás junto à porta, a ti cuida a condução
do que se diz no palácio.
Conta, conta-me, que mal é chegado? 580

FEDRA
O filho da Amazona, o que ama os cavalos, grita,
Hipólito, proferindo terríveis insultos à serva.

CORO (*cantando*)
Um brado escuto, mas não o tenho claro;
pronuncia que tipo de grito chega, 586
a ti chega, através dos portões.

FEDRA
Sim, claramente ele grita: "alcoviteira de males",
"traidora do leito de teu senhor". 590

CORO (*cantando*)
Ai de mim! Ai de meus males! Foste traída, amiga.
Que farei para ti?
É que o secreto foi exposto, e estás acabada
— ai, ai, ai! por traição de amigos! 595

FEDRA
Acabou-me ao contar meus infortúnios,
tentando, com boas intenções, mas desonrosamente, curar esta
[doença.

CORO
E então? O que farás, tu que sofreste desvalida de recursos?

FEDRA
Não conheço salvo uma coisa: morrer rapidamente,
única cura para as aflições presentes. 600

(*Hipólito sai do palácio, seguido pela serva.*)

HIPÓLITO
Ó mãe terra e céu aberto de sol,
de que palavras discurso indizível ouvi!

AMA
Silencia, ó filho, antes que alguém ouça teu grito.

HIPÓLITO
Não silenciarei depois de ouvir coisas tão terríveis.

AMA
Sim, por este teu braço bem armado.   605

HIPÓLITO
Não segures minha mão, não prendas meus peplos!

AMA
Pelos teus joelhos, não me arruínes!

HIPÓLITO
Mas como?! Se, como dizes, nada de mal falaste!

AMA
Essa história, ó filho, de modo algum é de interesse geral.

HIPÓLITO
O belo certamente mais belo é, quando entre muitos contado. 610

AMA
Ó minha criança, não desonres o juramento!

HIPÓLITO
A língua jurou, mas o coração está livre de juramentos.

AMA
Ó filho, que farás? Destruirás teus amigos?

HIPÓLITO
Abomino-os! Ninguém injusto é amigo meu!

AMA
Admite: errar é próprio aos homens, minha criança.   615

HIPÓLITO
Ó Zeus, por que este fraudulento mal aos homens,
as mulheres, à luz do sol instituíste?
Se querias engendrar progênie mortal,
não era necessário pelas mulheres prover-nos isso;
por outro modo, os mortais, oferecendo em teus templos   620
ou bronze, ou ferro, ou um peso de ouro,
poderiam descendência comprar pelo preço
adequado às posses de cada um, e em casas
livres de mulheres habitariam.
[Mas agora, conduzindo um mal a nossas casas,   625
devemos pagar com a prosperidade de nosso lar.]
E por isto se revela que a mulher é um grande mal:
pois o pai que a engendra e cria, acrescentando-lhe
um dote, manda-a embora, como se se livrando de um mal.
Por sua vez, aquele que recebe a ruinosa criatura em sua casa   630
regozija-se em acrescentar ornamento ao seu ídolo,
belo ornamento à coisa mais vil, e adorna-lhe com peplos
o infeliz, a prosperidade da casa aos poucos esgotando.
[E toma-o a necessidade: de modo que, ou casando-se bem,   635
com os parentes alegra-se e preserva o acre leito,
ou tomando uma nobre consorte, mas de perniciosa família,
o infortúnio supera o bem.]
Mais fácil é aquela que é uma nulidade, ainda que perniciosa
seja a mulher que, em sua tolice, em casa se senta.   640
Mas a esperta, essa eu odeio! Que em minha casa
nunca haja alguma senhora que reflita mais do que convém à mulher.
Com efeito, mais delito infunde Cípris
nas espertas, e a mulher sem engenhos,
por seu entendimento curto, é privada de indiscrição.   645
Não deveria a serva passar perto da mulher,
mas deveriam elas morar com bestas ferozes e mudas,
para que não tivessem a quem se dirigir
nem daquelas som recebessem de volta.
Mas agora as malvadas, dentro do palácio, planejam malvados

planos, e para fora os trazem as servas.[17] 650
Do mesmo modo como tu também, ó malvada criatura, me vieste
para negociar o leito do meu pai!
Mas eu me despoluirei lavando em fluxos correntes
os ouvidos. Como seria eu um homem vil,
eu, que depois de ouvir tais coisas, já não me julgo puro? 655
Vê bem isto: minha piedade é que te salva, mulher;
pois se, desprotegido, não tivesse sido preso por juramento aos
[deuses,
eu não deixaria de contar tais coisas ao meu pai.
Agora da casa me ausento, enquanto está afastado desta terra
Teseu, e em silêncio seguro minha língua. 660
Mas, quando estiver com meu pai, observarei
como olharás para ele, tu e também tua senhora.
[Conhecerei tua audácia, da qual já sou experimentado.]
Que sejais destruídas! Nunca estarei farto de odiar
as mulheres, nem se alguém disser que sempre falo disso; 665
pois também elas são sempre malvadas de algum modo.
Que alguém ensine-as a ser ponderadas
ou permita-me pisoteá-las para sempre.

(*Sai Hipólito.*)

FEDRA (*cantando*)
Infelizes, ó infortunados
fadários das mulheres.
Que estratagema temos agora, que voz 670
para desatar o nó de nossas palavras, uma vez abatidas?
Encontramos punição. Ó terra e luz,
por onde escaparei do destino?
Como esconderei minha calamidade, amigas?

---

[17] O verso 649 está corrompido. A tradução recupera um sentido aproximado.

Qual entre os deuses, ou qual entre os mortais, 675
como assistente e colaborador nas minhas injustas ações,
surgirá? Pois meu atual sofrimento
passa para além dessa vida — difícil passagem!
A mais infortunada das mulheres sou eu!

CORO
Ai, ai! Está feito. Não tiveram sucesso os artifícios, 680
senhora, de tua serva; e tudo vai mal.

FEDRA
Ó péssima, corruptora de amigos,
que coisa me fizeste! Que Zeus meu genitor
te arrase totalmente, atingindo-te com seu raio.
Não disse eu, tendo previsto teu propósito, 685
que te calasses sobre as coisas que agora me envergonham?
Mas tu não te contiveste, e assim não mais com boa reputação
morrerei. No entanto, preciso de um novo plano,
pois aquele, com o peito excitado pela raiva,
proferirá contra mim as tuas faltas ao seu pai, 690
proferirá ao velho Piteu os infortúnios,
preencherá toda a terra de palavras vergonhosas.
Que sejas destruída tu e qualquer um que, contra a vontade dos amigos,
esteja pronto para não honrosamente lhes fazer benefícios!

AMA
Senhora, tens o que censurar nos meus erros, 695
uma vez que o que está te mordendo governa sobre teu
                                              [discernimento.
Mas tenho eu o que dizer sobre o assunto, se me permites.
Eu te criei e te sou favorável; procurando remédios
para a tua doença, encontrei o que não desejava.
Se tivesse sido bem-sucedida, certamente entre os sábios
                                            [estaria 700
— já que, de acordo com a sorte, ganhamos reputação de sabedoria.

FEDRA
Acaso seria justo e satisfatório para mim
que, depois de me teres ferido, eu esteja de acordo com tuas palavras?

AMA
Falamos demais. Não fui ponderada.
Mas até a isso ainda há como sobreviver, minha filha.   705

FEDRA
Para de falar! Porquanto não foi belo o que antes
disseste e coisas maléficas tentaste.
Agora para longe daqui parte e às tuas próprias coisas
atenta, pois agora as minhas arranjarei eu corretamente.

(*A ama se dirige ao interior do palácio.*)

E vós, bem-nascidas filhas de Trezena,   710
isto concedei a mim que o peço:
em silêncio, escondei o que aqui ouvistes.

CORO
Juro, pela reverenda Ártemis, filha de Zeus,
nenhum dos teus males jamais revelar à luz.

FEDRA
Belamente falaste. Uma coisa apenas acrescento: 715
trago um certo achado para estes infortúnios,
para uma vida de boa reputação aos filhos conferir
e a mim mesma beneficiar diante do que agora me ocorre,
pois jamais desonrarei minha casa cretense
nem à face de Teseu me aproximarei   720
coberta por feitos vergonhosos por impedimento de uma vida
[apenas.[18]

---

[18] O verso 715 está corrompido. A tradução procura um sentido aproximado.

CORO
Mas que mal incurável estás prestes a realizar?

FEDRA
Morrer. De que maneira, isso devo decidir.

CORO
Não sejas agourenta! 724

FEDRA
E tu bem me aconselha! 724
E eu a Cípris, que hoje me aniquila, 725
retirando minha vida neste mesmo dia,
alegrarei: por um acre amor derrotada.
Não obstante, maléfica a um outro serei
ao morrer, para que saiba não ser altivo
sobre meus males e, desta minha doença 730
partilhando, saiba ser ponderado.

(*Fedra entra no palácio.*)

SEGUNDO ESTÁSIMO

CORO (*cantando*)
Que nos abissais recônditos estivéssemos,
onde pássaro alado,
entre áleos bandos,
um deus me fizesse.
E que eu me elevasse sobre a marinha 735
vaga da costa adriática
e água do Erídano,
em que, na púrpura onda,
as infelizes garotas, 740

por dó de Faetonte, derramam 740
brilho ambarado de lágrimas.¹⁹

Que a costa entrega-maçãs das Hespérides
cantoras eu ganhasse,
onde o senhor do mar,
das purpúreas baías,
aos nautas não mais dá passagem, 745
determinando limite honorável
do céu, que Atlas sustenta,
e fontes imortais fluem
junto ao leito de Zeus,
onde a terra que dá riqueza 750
aumenta a felicidade abençoada dos deuses.²⁰

Ó barco cretense
de brancas asas, que através da marítima
vaga de salso ruído do mar
trouxe minha senhora de próspera casa, 755
a mais malcasada, que benesse!
Certamente de ambas, tanto da terra cretense
à gloriosa Atenas, com mau presságio voou, 760
e na costa de Múnico fixaram as pontas das cordas trançadas
e terra firme pisaram.²¹

---

[19] Faetonte quis dirigir o carro do Sol, seu pai, mas não conseguiu controlar os cavalos e quase queimou a terra. Para prevenir o desastre, Zeus o acertou com seu raio. As irmãs de Faetonte foram transformadas em árvores que choram âmbar pelo irmão à beira do rio Erídano. Eurípides encenou essa história no drama *Faetonte*, do qual só nos restam fragmentos.

[20] As Hespérides são as ninfas do poente que guardam um jardim no extremo oeste do mundo, uma região em que o Velho Senhor do Mar (às vezes, identificado a Proteu ou a Nereu) não deixa que nenhum barco atravesse e onde o titã Atlas sustenta as bordas do céu. No jardim das Hespérides, Zeus teria se deitado com Hera pela primeira vez.

[21] Múnico, rei lendário da Ática, é o herói epônimo do porto de Muniquia, em Atenas.

Assim foi partido seu senso
por terrível doença de amor não piedoso, 765
enviada por Afrodite,
e mergulhada em dificultosos infortúnios,
das traves da câmara nupcial,
pendente laço atará ao seu redor, no branco pescoço ajustando-o, 770
do horrendo fado envergonhada,
preferindo boa fama em seu lugar
e libertando sua mente de doloroso amor. 775

TERCEIRO EPISÓDIO

AMA (*De dentro*)
Ai ai!
Acudi ao grito, todos vós que sois próximos ao palácio!
Na forca está minha senhora, consorte de Teseu!

CORO
Ah, está feito! A rainha não mais existe,
dependurada em suspensos laços!

AMA 780
Não vos apressareis? Não trará alguém ambidestro
ferro com que cortemos o nó de seu pescoço?

CORO
Amigas, que faremos? Adentrar o palácio
e libertar a senhora de apertados laços?

MEMBRO DO CORO
Mas o quê? Não há jovens servos presentes?
O intrometer-se não pertence ao curso seguro da vida. 785

AMA
Alinhado, estendei o combalido corpo;
acre é a vigilância da casa de meus senhores. 785

CORO
Está destruída a infeliz mulher, segundo ouço,
pois já a estendem como cadáver.

(*Entra Teseu.*)

TESEU
Mulheres, sabeis qual foi o grito, 790
grave ruído dos servos que da casa chegou?[22]
Pois a mim, como convém a um sagrado emissário,
a casa não saúda alegremente, após abrir seus portões.
Algo de ruim foi feito do velho Piteu?
Já vai longe na vida, mas, mesmo assim, 795
ainda me seria doloroso que deixasse esta casa.

CORO
Não é aos velhos que concerne este fado,
Teseu: a morte de jovens é o que te agonia.

TESEU
Ai de mim! É dos meus filhos que a vida é pilhada?

CORO
Vivem; morre a mãe, para tua maior agonia. 800

TESEU
Que dizes? Está destruída a consorte? De qual sorte?

---

[22] O verso 791 está corrompido no texto grego. A tradução recupera seu sentido mais inteligível.

CORO
Um laço suspenso para se enforcar fixou.

TESEU
Enregelada pela tristeza, ou por qual infortúnio?

CORO
Isso é tudo quanto sabemos, pois eu também, agora mesmo,
Teseu, chego a casa, carpideira de teus sofrimentos. 805

TESEU
Ai, ai! Por que então está coroada minha cabeça
por trançadas folhas, infeliz emissário?
Soltai as barras, servos, dos portões,
liberai as amarras, para que eu aviste a acre visão
da mulher, que morrendo me destruiu. 810

(*A porta do palácio se abre e o enciclema rola para fora,
exibindo o corpo de Fedra.*)[23]

CORO (*cantando*)
Ai, ai, infeliz de miseráveis males!
Sofreste, fizeste
tanto que confundiste esta casa!
Ai, ai, que audácia a tua!
Morrendo violentamente, em ímpias
circunstâncias, foste peleja de tua própria mão miserável! 815
Quem então, infeliz, faz escurecer a tua vida?

TESEU (*cantando*)
Ai de mim, dos meus pesares! Sofri, infeliz,
o maior de meus infortúnios. Ó fortuna,

---

[23] O enciclema era um mecanismo do teatro grego composto por uma plataforma rolante, que era usada para mostrar um ambiente interno de uma edificação.

como pesada caíste sobre mim e a casa,
desapercebida mácula de alguma divindade vingadora! 820
Não, ruína que torna impossível de viver a vida!
Um mar de sofrimentos, ó infeliz, eu vejo,
tão grandes que nunca poderia nadar de volta,
nem atravessar a vaga desses infortúnios.
Por qual nome, infeliz de mim, por qual, 826
mulher, devo chamar teu pesado destino?
Pois como um pássaro das mãos tu te desvaneces,
tendo precipitado rápido pulo para o Hades.
Ai, ai; ai, ai! Miseráveis, miseráveis estes sofrimentos! 830
De muito tempo atrás recupero
um fado das divindades
pelas faltas de algum antecessor.

CORO
Não apenas a ti, ó senhor, tais males vieram,
mas estás entre muitos outros que perderam esposa confiável. 835

TESEU (*cantando*)
O debaixo da terra quero, a penumbra debaixo da terra,
mudar-me e morrer na escuridão, ó infeliz,
uma vez privado de tua mais querida aliança,
pois destruíste mais do que pereceste.
De quem ouço, mulher, de onde o fado fatal 840
chegou ao teu coração, ó infeliz?[24]
Dirá alguém o que se passou, ou debalde uma multidão
o palácio real mantém de servos meus?
Ai de mim, infeliz por ti,
que agonia para a casa eu vejo, 845
que não pode ser aturada nem narrada. Estou acabado:

---

[24] O verso 840 está corrompido no texto grego. A tradução recupera seu sentido mais inteligível.

a casa vazia, órfãos os filhos.[25]
Ai, ai; ai, ai! Abandonaste, abandonaste-nos, ó querida,
mais nobre entre as mulheres daquelas sobre as quais olham   850
a luz do sol e da noite
o brilho estrelado.

CORO (*cantando*)
Ó infeliz, tal desgraça a casa possui.
De lágrimas vertidas,
minhas pálpebras estão molhadas por tua sina.
Mas há muito estremeço por um mal além desse.   855

TESEU
Eia!
Que é esta tabuleta à sua querida mão
presa? Quer dizer algo de novo?
Será que uma mensagem sobre o marido e os filhos
escreveu-me a desgraçada, suplicando-me?
Não temas, infeliz! O leito de Teseu   860
e a casa, não há mulher que os tome.
E aqui a marca do engaste dourado
daquela que não mais vive me cativa.
Vamos, deixa-me desenrolar o invólucro dos sinetes,
para que veja o que esta tabuleta quer me dizer.   865

       (*Em silêncio, Teseu lê a mensagem.*)

CORO
Oh! Uma nova aflição é essa
que um deus manda em sucessão às outras! A mim,
diante do ocorrido, este fado é impossível de viver!

---

[25] O verso 844 possui uma lacuna. A tradução procura seu sentido mais inteligível.

Destruída, não mais existente,
ai, ai, está a casa dos meus soberanos. 870
[Ó divindade, se é possível, não faças cair esta casa,
mas ouve a mim, que suplico, pois de alguma parte
certo augúrio de males, como profeta, eu vejo.][26]

TESEU
Ai de mim, uma tal aflição sobre outra aflição,
que não pode ser aturada, nem contada! Ó infeliz de mim! 875

CORO
Qual é o caso? Conta, se é algo que posso ouvir.

TESEU (*cantando*)
Grita, grita a tabuleta coisas inolvidáveis! Por onde escapo
do peso das aflições? Estou totalmente arruinado;
tal canção eu vi, em escrita
pronunciada, ai de mim! 880

CORO
Ai, ai, revelas palavra fundadora de males!

TESEU (*cantando*)
Não mais dos portões da boca
deterei este destrutivo mal, difícil de libertar,
oh, cidade!
Hipólito meu leito ousou tocar 885
à força, desonrando os sagrados olhos de Zeus!
Ó meu pai Posídon, as três maldições
que uma vez me deste, com uma delas dê um fim
ao meu filho, e que não escape a este dia,
se de fato me concedeste maldições confiáveis. 890

---

[26] Os versos 867-868 estão irremediavelmente corrompidos, e os versos 871-873, pelo proseado estranho, possivelmente não são de Eurípides. A tradução procura um sentido básico para o texto transmitido.

CORO
Senhor, pelos deuses, desfaz este pedido,
pois depois saberás que estás errado. Acredita em mim!

TESEU
Não pode ser! E mais: expulsá-lo-ei desta terra
e por um de dois destinos será atingido —
ou Posídon para a morada de Hades, 895
morto, enviá-lo-á, honrando minhas maldições,
ou expulso deste território, vagando
por terra estrangeira, esgotará uma vida miserável.

(Entra Hipólito.)

CORO
E eis teu filho, o próprio, em momento oportuno,
Hipólito; deixando tua perversa raiva, ó senhor 900
Teseu, delibera o que seja melhor à tua casa.

HIPÓLITO
Tendo ouvido teu grito, vim, pai,
apressado; mas a matéria pela qual lamentas
não conheço, e gostaria de ouvi-la de ti.
[Eia, que é isto? Tua esposa vejo, pai, 905
morta. Do maior espanto isto é digno:
deixei-a há pouco; esta luz do sol
não faz muito tempo que ela via.
O que se passou? De que modo pereceu?
Pai, quero sabê-lo de ti. 910
Silencias, mas o silêncio nenhum proveito tem na adversidade,
[pois o coração que anseia tudo ouvir
também na adversidade revela-se guloso.]
Não, de fato, dos amigos — dos mais que amigos —
não é justo esconder tuas desditas. 915

TESEU
Ó homens, tantas vezes incorrendo em erro, tão à toa!
Por que ensinais miríades de artes
e tudo maquinais e descobris,
quando uma só coisa não entendeis nem nunca perseguistes:
ensinar a ponderar aqueles que não têm juízo? 920

HIPÓLITO
De um terrível especialista falaste, este que o imponderado
é capaz de forçar a bem ponderar.
Contudo falas sutilezas quando não necessário, pai;
temo que tua língua se exceda pelos infortúnios.

TESEU
Ah! Deveria haver para os mortais prova 925
segura dos amigos estabelecida e discernimento de suas intenções,
qual deles é verdadeiro, e qual não é amigo,
e duas vozes todos os homens deveriam ter,
uma justa e outra como fosse,
de modo que aquela que ponderasse injustiças pela justa 930
fosse refutada, e não mais seríamos enganados.

HIPÓLITO
Mas será que algum dos amigos me caluniou
diante de ti, e agonizo não sendo em nada culpado?
Estou perplexo. Espantam-me tuas palavras,
alteradas e distantes de sentido. 935

TESEU
Ah, o coração dos mortais! Até onde irá?
Qual limite haverá à audácia e ao atrevimento?
Pois, se se acumularem durante a vida de cada homem,
e o último exceder em iniquidade
aos anteriores, os deuses precisarão adicionar 940
outra terra a esta terra, para conter
os injustos e os vis.

Vede este aqui! Ele, que de mim foi gerado,
desgraçou meu leito e é acusado
claramente pela morta de ser o mais vil! 945

Mas mostra aqui tua face ao pai,
uma vez que já estou contaminado por essa mácula.
Tu então aos deuses te reúnes, como homem fora do comum?
És tu o moderado e intocado pelo mal?
Não seria eu persuadido por tuas gabolices, 950
atribuindo aos deuses a ignorância — mau entendimento isso seria!
Agora então te ufanas, assumindo uma dieta de vegetais,
alardeias a tua alimentação e, tomando Orfeu como senhor,
inicias-te nos mistérios, honrando o fumo de muitos escritos.[27]
Oh, sim, foste apanhado! Homens como este 955
eu digo a todos que evitem, pois caçam
com santas palavras, enquanto maquinam atos vergonhosos.

Está morta. Pensas que isso irá te salvar?
Nisso está o que mais te condena, ó ignóbil,
pois quais juramentos seriam mais fortes, quais palavras 960
seriam mais do que ela aqui, para que escapes de tua responsabilidade?
Dirás que te odiava, e que o bastardo
aos legítimos por natureza é hostil?
Dizes então que ela é má negociante de sua própria vida,
se por antipatia a ti destruiu o que mais amava. 965
E então dirás como a loucura não está nos homens,
mas nas mulheres naturalmente cresce? Eu bem sei que os jovens
não são em nada mais infalíveis do que as mulheres,
quando Cípris confunde os púberes corações;
mas o ser varão ajuda-os, como lhe é próprio. 970
Mas e agora? Por que rivalizo com tuas palavras,
estando aqui presente este cadáver, claríssima testemunha?

---

[27] Teseu compara Hipólito pejorativamente aos seguidores do orfismo, uma seita religiosa que pregava o vegetarianismo e acreditava na transmigração das almas.

Deixa esta terra, tão rápido como fugitivo,
e não vás a Atenas fundada pelos deuses
nem a fronteiras de qualquer terra governada pela minha lança. 975
De fato, se eu for vencido por tais sofrimentos que tu me causas,
não mais testemunhará Sínis do Istmo
que eu o matei, mas dirá que me vanglorio em vão,
e as rochas de Círon junto ao mar coabitantes
não testemunharão ser eu grave aos malfeitores.[28] 980

CORO
Não sei como diria eu que algum dos mortais
é bem-aventurado, já que aquilo que antes era voltou-se ao contrário.

HIPÓLITO
Pai, a força e rigidez de teu peito
terríveis são. E, ainda que tua questão tenha belos argumentos,
se alguém a desdobrar, não será bela assim. 985
E eu, rústico para dar um discurso à plebe,
sou o mais sábio perante os meus poucos colegas de minha idade.
Também isso está fadado: pois os que entre os sábios
são ordinários junto à plebe são os mais habilidosos no falar.
Ainda assim, como atingido por infortúnios, é necessidade 990
que eu solte a língua. Começarei a falar primeiro
de onde insinuaste que me destruiria
sem contestação. Tu vês aqui a luz do sol
e a terra: perante essas não há homem gerado,
ainda que o negasses, mais moderado do que eu. 995
Sei reverenciar os deuses
e fazer amigos que não tentam cometer injustiças,
mas para os quais vergonha seria ordenar malfeitos
ou recompensar com ignomínias os subordinados.
Não sou um zombador dos meus consortes, pai, 1000
mas o mesmo para amigos presentes ou distantes.

---

[28] Sínis e Círon foram bandidos mortos por Teseu; ambos viviam nas proximidades do Istmo de Corinto.

De uma coisa estou intocado, pela qual pensas ter me pegado:
até o momento, é puro meu corpo quanto ao leito.
Não sei desse ato a não ser de ouvir falar
e em pintura ver, pois para examinar tais coisas 1005
também não sou ávido, alma virgem possuindo.
Mas então minha moderação não te convence: vamos lá.
Tu deves mostrar de que modo fui corrompido.
Acaso o corpo desta era o mais belo
de todas as mulheres? Ou esperava eu na tua casa 1010
viver ao tomar leito herdeiro?
Tolo então seria, totalmente sem juízo.
Mas dirás que o governar é agradável aos prudentes?
De modo algum, a menos que esteja arruinada a razão
dos mortais aos quais agrada a monarquia.[29] 1015
Quanto a mim, nos jogos helênicos
gostaria de ser o primeiro, mas na cidade o segundo,
e com nobres amigos ser sempre bem-aventurado.
Com efeito, há o que se fazer, e a ausência de perigo
dá maior prazer do que a soberania. 1020
Uma coisa ainda não está dita, as outras já tens:
se eu tivesse uma testemunha de como sou
e, com esta aqui ainda vendo a luz do sol, me defendesse,
pelos fatos distinguirias os vis.
Mas agora por Zeus sacramental e por este solo da terra 1025
juro nunca ter tocado tua esposa,
nem ter desejado, nem ter cogitado.
E então que eu pereça inglório e inominado,
[sem cidade, sem lar, vagando em exílio pela terra;]
que nem o mar, nem a terra recebam minha carne, 1030
quando morto, se fui um homem vil.
O que ela temia para ter acabado a vida,
não o sei, pois não me é permitido falar mais que isso.

---

[29] Os versos 1014-1015 estão corrompidos no original. A tradução procura um sentido aproximado.

Foi sensata, ainda que não tivesse sensatez;
eu a tive, mas não a usei bem. 1035

CORO
Proferiste apelo suficiente à causa,
apresentando juramentos aos deuses — não pequena garantia.

TESEU
Mas não é mesmo um encantador e feiticeiro este aqui,
que está convencido de que, pelo seu temperamento calmo,
vai dominar minha alma, este que desonrou seu genitor? 1040

HIPÓLITO
Em ti também, pai, isso muito me admira,
pois, se tu fosses o filho e eu teu pai,
matar-te-ia e não te puniria com exílio,
se pensasse que tu tocaste minha mulher.

TESEU
Quão digno de ti é isso que disseste! Não desse modo morrerás, 1045
segundo a lei que estabeleceste para ti mesmo,
já que a morte rápida mais fácil é ao desditoso,
mas, em exílio, vagando fora da terra pátria,
sobre solo estrangeiro suportarás penosa vida.
[Esta é a paga ao homem ímpio.] 1050

HIPÓLITO
Ai de mim! Que farás? O testemunho do tempo
não receberás a meu respeito, mas me expulsarás da terra?

TESEU
Para além do mar e dos sítios de Atlas,
se pudesse, tanto odeio tua face.

HIPÓLITO
Sem conferir juramento, garantia ou dizeres   1055
dos adivinhos, expulsar-me-ás, não julgado, desta terra?

TESEU
Esta tabuleta não aceita casualidades da sorte;
fidedigna, acusa-te. Aos pássaros que sobre minha cabeça
andam, mando-lhes muitas saudações![30]

HIPÓLITO
Ó deuses, por que então não desamarro minha boca   1060
eu, que sou arrasado por vós, que venero?
Não. Não convenceria totalmente aqueles que me é preciso convencer;
em vão violaria o juramento que fiz.

TESEU
Ai de mim! Essa reverência tua matar-me-á!
Não sairás rapidamente da terra pátria?   1065

HIPÓLITO
Para onde então tornarei, infeliz que sou? Que casa
estrangeira adentrarei, por tal motivo exilado?

TESEU
Para alguém que aprecie corruptores de mulheres
como convidados, recebendo em casa guardiões de males.

HIPÓLITO
Ai, ai, atinge-me até o peito! Próximo às lágrimas isso me deixa, 1070
se pareço mesmo vil a ti e assim me consideras.

TESEU
Gemer e antecipar eram necessários antes,
quando o leito paterno ousaste ultrajar.

---

[30] A arte divinatória grega envolvia a leitura do voo dos pássaros.

HIPÓLITO
Ó palácio! Se me pronunciasses palavra
e testemunhasses se sou homem vil! 1075

TESEU
Em testemunhas mudas espertamente te amparas,
enquanto o ato, não falando, revela-te vil.

HIPÓLITO
Ah!
Se, posto à parte, pudesse ver a mim mesmo,
para que chorasse pelos males que sofro!

TESEU
És muito mais treinado em reverenciar a ti mesmo 1080
do que em agir piedosamente quanto aos genitores, sendo justo!

HIPÓLITO
Ó mãe infeliz, ó raça amarga!
Que nenhum dos amigos jamais seja um bastardo.

TESEU
Não o levareis daqui, escravos? Não ouvistes
há muito tempo eu proclamá-lo estrangeiro? 1085

HIPÓLITO
Lamentará aquele que em mim tocar!
Mas tu mesmo, se tens o ânimo, atira-me desta terra!

TESEU
Fá-lo-ei, se não obedeceres minhas ordens,
pois não me comove piedade alguma de teu exílio.

HIPÓLITO
Está decidido, como parece. Ó infeliz de mim, 1090
que sei tais coisas, mas não sei como dizê-las!

Ó filha de Leto, minha mais amada divindade,
com quem sentei, com quem cacei, deixarei
a gloriosa Atenas! Adeus, cidade
e terra de Erecteu! Ó torrão de Trezena, 1095
quantas bênçãos possuis para passar à juventude!
Adeus! Pela última vez vejo-te e te saúdo!

Ide, jovens desta terra, meus coetâneos,
saudai-me e enviai-me desta pátria!
Jamais um homem mais moderado que eu 1100
vereis, ainda que meu pai não pense assim.

TERCEIRO ESTÁSIMO[31]

SERVOS *(cantando)*
Grandemente os zelos dos deuses, quando à mente me vêm,
retiram meu sofrimento, mas em mim guardo esperança de alguma
compreensão. 1105
Não a alcanço na observação dos destinos e feitos dos mortais.
De um lado algo advém, de outro o contrário, e é a vida dos homens
sempre muito errante. 1110

CORO *(cantando)*
Oxalá esta sina pelos deuses enviada seja entregue a nós, que oramos:
um fado feliz e ânimo inviolado por pesares.
E que opinião inabalável, ou outrossim falsa, não me infunda, 1115
mas que, sempre alterando meus brandos modos conforme o porvir,
eu seja bem-aventurada durante a vida.

---

[31] A atribuição dos cantos deste estásimo é controversa. O esperado seria que o coro cantasse toda a canção, mas, como há tanto particípios femininos quanto masculinos no texto grego, alguns editores atribuem a primeira e a segunda estrofe a um coro masculino, ficando as duas antístrofes e o epodo para o coro principal de mulheres de Trezena. Sigo a atribuição de James Diggle.

SERVOS (*cantando*)
Não mais tenho a mente límpida,   1120
além do esperado está o que vejo,
uma vez que o mais brilhante astro de Afaia helênica
vimo-no, vimo-no pela raiva do pai
ser enviado para outra terra.[32]   1125
Ó areias costeiras da cidade!
Ó moita da montanha onde com cães
de rápidos pés as feras ele matava,
junto à reverenda Dictina.   1130

CORO (*cantando*)
Não mais parelha de enéticas potras montarás,
ocupando a pista junto ao lago com as patas
de treinados cavalos.
E a canção insone sob o caixilho de cordas   1135
cessará na casa paterna.
E não coroados ficarão os descansos da filha
de Leto na espessa relva.
Graças ao teu exílio, acabada está
a disputa das donzelas pelo teu leito.   1140

Mas eu, por teu infortúnio,
em lágrima difundirei
teu fado malfadado. Ó mãe infeliz,
pariste sem vantagem! Ah!   1145
Enfureço-me contra os deuses.
Ai, ai!

---

[32] No v. 1123, o texto dos manuscritos de *Hipólito* diz "o mais brilhante astro de Atenas helênica". A expressão nunca fez muito sentido para os editores que há séculos tentam entendê-la. Como solução, o editor James Diggle propõe ler "Afaia" no lugar de "Atenas" aqui e também no verso 1459. Afaia é uma antiga deusa exclusivamente cultuada na ilha de Egina. Seu culto pode ter sido originado já no século XIV a.C. com associações à fertilidade e à agricultura. O geógrafo grego Pausânias (século II d.C.) diz que ela era particularmente próxima a Ártemis.

Emparelhadas Cárites, por que este infeliz para longe da terra pátria,
culpado de nenhum engano,
enviais desta casa? 1150

QUARTO EPISÓDIO

CORO
Mas eis que vejo o servo de Hipólito,
apressando-se sombrio rumo ao palácio.

MENSAGEIRO
Dirigindo-me para onde, o senhor desta terra, Teseu,
encontraria, ó mulheres? Se o sabeis,
indicai-me: estará dentro do palácio? 1155

(*Teseu sai do palácio.*)

CORO
Eis que o próprio para fora do palácio marcha.

MENSAGEIRO
Teseu, um relato trago digno da atenção
tua e dos cidadãos que a cidade de Atenas
habitam e os limites da terra trezena.

TESEU
O que é? Acaso algum novo infortúnio 1160
tomou as duas cidades vizinhas?

MENSAGEIRO
Hipólito não mais vive, por assim dizer;
vê a luz certamente, mas apenas sob tênue equilíbrio.

TESEU
Morto por quem? Acaso por inimizade de alguém
a quem foi desonrar o leito à força, como o do seu pai? 1165

MENSAGEIRO
Sua própria carruagem de cavalos o destruiu
e as maldições de tua boca, as que tu imprecaste ao teu pai,
senhor do mar, contra teu filho.

TESEU
Ó deuses, ó Posídon! Então eras mesmo meu pai,
já que ouviste minhas imprecações. 1170
E como pereceu? Conta-me de que modo a ratoeira da justiça
abateu aquele que me envergonhou.

MENSAGEIRO
Junto à costa banhada por ondas,
com almofaças escovávamos as crinas dos cavalos,
chorando, pois viera um mensageiro dizendo 1175
que não mais a esta terra tornaria o pé
Hipólito, tendo sido por ti condenado a sofrer exílio.
E veio ele, chorando no mesmo tom,
a nós se juntou na costa, e uma miríade de seguidores,
amigos e colegas da sua idade, seguiam-no. 1180
Após um tempo, afastando seus lamentos, disse:
"Por que me entristeço? É necessário obedecer às ordens do pai.
Preparai a parelha de cavalos do carro,
escravos, pois esta cidade não é mais minha."
E então cada homem se apressou, 1185
e, mais rapidamente do que alguém poderia dizer,
preparados deixamos os corcéis junto ao nosso senhor.
E tomou nas mãos as rédeas do carro,
acomodando os pés nos estribos.
Aos deuses primeiro ele disse, estendendo suas mãos: 1190
"Zeus, que eu não mais exista, se fui um homem vil!
Mas que perceba meu pai que me desonra,

estando eu morto, ou vendo a luz do dia."
E nisso, tomando o chicote nas mãos, deitou-o
aos corcéis de uma só vez. E nós, servos, abaixo do carro, 1195
junto à brida, seguíamos o senhor
no caminho direto a Argos e Epidauro.
Quando atingíamos território deserto
— há um promontório além desta terra,
que jaz rumo ao Golfo Sarônico —, 1200
lá um sonido ctônico, como o trovão de Zeus,
grave bramido soltou, arrepiante de ouvir;
suas cabeças e ouvidos estiraram para o céu
os cavalos; junto a nós um vigoroso medo havia
de onde viria o estampido. Quando olhamos 1205
para a costa do mar retumbante, vimos uma onda
divina levantar-se ao céu, tamanha que impedia
meus olhos de ver o promontório de Círon
e escondia o Istmo e o rochedo de Asclépio.
E então, intumescida, ao redor da escuma, 1210
muito espumando com o turbilhão marinho,
avançava para a costa onde estava a quadriga.
Com sua própria rebentação e vagalhão,
a onda despejou um touro, selvagem portento.
E nisso toda a terra, plena de rugidos, 1215
ecoava horrivelmente, e para os que o viam
o espetáculo era forte de se assistir.
Imediatamente, um terrível medo cai sobre os corcéis.
Meu senhor, aos modos dos cavalos
muito habituado, tomou as rédeas nas mãos 1220
e soltou-as, como um marinheiro solta o remo,
com o corpo às correias, pendente para trás.
Mas, mordendo com as mandíbulas as bridas filhas do fogo,
levavam-no à força, nem à mão de seu senhor,
nem às rédeas, nem ao carro bem fixado 1225
atentando. E, se para a terra macia,
tomando o leme, dirigisse o caminho,
aparecia à sua frente, de modo que o fizesse recuar,

o touro, de medo enlouquecendo a quadriga.
Mas, se às rochas fossem impelidos, nos sensos desvairados, 1230
em silêncio, aproximando-se do carro, acompanhava-o,
até que o derrubasse e arriasse,
lançando à rocha os aros da carruagem.
Tudo era confuso: para cima os raios
das rodas saltavam e as cavilhas dos eixos, 1235
e ele próprio, o infeliz, emaranhado nas rédeas,
preso em liame difícil de soltar, era arrastado,
batendo contra as pedras sua cabeça,
estilhaçando a carne e clamando coisas terríveis de se ouvir:
"Parai, ó vós que em minhas manjedouras fostes nutridos, 1240
não me oblitereis! Ó infeliz maldição paterna!
Quem o melhor dos homens deseja salvar, ficando a seu lado?"
Muitos quisemos, mas com nossos pés atrasados
ficamos para trás. E ele, solto dos liames
de couro cortado, não sei de que modo 1245
caiu, respirava ainda breve sopro de vida.
E os cavalos sumiram e também o infeliz portento
do touro — para onde na terra áspera não sei.
Escravo, de fato, sou eu na tua casa, senhor,
entretanto de tal coisa eu jamais seria capaz: 1250
acreditar que o teu filho fosse vil,
nem se todo o gênero das mulheres se enforcasse
e alguém preenchesse com letras todo o pinho
do Monte Ida — porquanto sei que ele era bom.

CORO
Ai, ai! Cumprem-se novos infortúnios, 1255
e ao destino e à necessidade não há escapatória.

TESEU
Por ódio ao homem que padeceu tais coisas,
alegrei-me por tais palavras; mas agora, em respeito
aos deuses e àquele, já que de mim foi gerado,
nem me alegro nem me irrito por esses infortúnios. 1260

MENSAGEIRO
E então? Devemos trazê-lo,
ou o que fazemos com o coitado para agradar teu coração?
Reflete: aproveitando meus conselhos,
não serás cruel ao teu filho desafortunado.

TESEU
Trazei-o para que, olhando nos seus olhos,   1265
pelas palavras eu o ponha à prova e pelos infortúnios
                             [enviados pelos deuses,
ele que negou ter tocado meu leito.

QUARTO ESTÁSIMO

CORO (*cantando*)
Dos deuses e dos mortais o inflexível coração
tu guias, ó Cípris, e contigo
está o de pena furta-cor, envolvendo-os   1270
com ligeiríssima asa.
Voa sobre a terra e sobre o salgado
mar bramante,
e encanta Eros aquele em que no coração desvairado
se lança, áleo e aurisplendente,   1275
encanta a natureza dos filhotes da montanha e os do pélago
e tudo quanto a terra nutre
e o que o sol candente vê
e os homens: sobre todos, com régia honra,   1280
ó Cípris, sozinha governas.

ÊXODO

(*Ártemis aparece sobre a skené.*)

ÁRTEMIS
A ti, nobre filho de Egeu,
eu exorto a ouvir:
é a filha de Leto, Ártemis, quem te fala. 1285
Teseu, por que, infeliz, te alegras dessas coisas?
O filho não piedosamente mataste,
por falsas histórias de tua esposa convencido
do não visto; mas evidente é a loucura que tiveste.
Por que sob a terra tartárea não escondes 1290
a compleição desonrada,
ou trocando tua vida por uma de pássaro,
não alças o pé dessa miséria?
Com efeito, entre os homens bons,
não há quinhão que obtenhas. 1295
Ouve, Teseu, o estado de teus males,
ainda que eu não vá melhorar nada, mas te angustiar.
Contudo foi para isto que vim, para mostrar que o coração
do teu filho é justo, para que em boa fama ele morra,
e para mostrar a louca paixão de tua mulher, ou, de certo modo, 1300
sua nobreza. Pois pela deusa mais odiosa a nós
para os quais há o prazer virginal,
por ela foi picada com aguilhões e apaixonou-se pelo teu filho.
E tendo se esforçado em vencer Cípris por sua resolução,
involuntariamente foi destruída pelas maquinações da ama, 1305
que ao teu filho, sob juramento, comunicou a doença dela.
E ele, como era correto, não cedeu
às palavras dela, nem diante de ti vilificado,
quebrou a promessa de seu juramento, piedoso que era.
E ela, temendo ser posta à prova, 1310
falsos escritos escreveu e foi com dolos
que destruiu teu filho, mas de todo modo te convenceu.

TESEU
Ai de mim!

ÁRTEMIS
Aflige-te essa história, Teseu? Mas calmo detém-te
para que, ouvindo o que se segue, lastimes ainda mais.
Sabes que possuis três maldições infalíveis de teu pai? 1315
Destas uma usaste, ó péssimo homem,
contra o teu filho, sendo possível usá-la contra algum inimigo.
Teu pai, o marinho, bem-disposto a ti
concedeu-te o que precisava, já que prometera.
Mas àquele e a mim pareces vil, 1320
tu que nem garantia, nem as palavras dos adivinhos
esperaste, que não conferiste e nem em um tempo maior
permitiste investigação, mas, mais rápido do que deverias,
maldições enviaste ao filho e o mataste.

TESEU
Senhora, que eu pereça! 1325

ÁRTEMIS
Terrível o que fizeste, mas mesmo assim
ainda é possível que a ti advenha perdão de tais coisas,
já que foi Cípris quem quis que assim fosse,
saciando sua fúria. Entre os deuses, assim é o costume:
ninguém almeja contrapor-se à vontade
que alguém tenha, mas sempre condescendemos. 1330
Pois sabe com certeza: se não temesse a Zeus,
nunca chegaria a esta vergonha
de o homem que me é mais amado entre os mortais
permitir que morra. Mas essa tua falta,
o não saber primeiro desobriga de maldade; 1335
e depois a morte da mulher, que destruiu
o escrutínio de suas palavras, de modo a persuadir tua mente.
Mormente sobre ti tais males agora se estilhaçam,
mas a dor também é minha. Com efeito, não se alegram os deuses,

quando morrem os bem-nascidos; mas, quanto aos vis, 1340
eles próprios, sua prole e seus palácios devastamos.

(Entra Hipólito, apoiado pelos servos.)

CORO
E eis que o miserável se aproxima,
jovem carne e loira cabeça
depravadas. Ó aflição desta casa!
Que duplo sofrimento cumpriu-se 1345
neste palácio, sobreveio-lhe pela vontade dos deuses!

HIPÓLITO
Ai, ai!
Infeliz de mim, que pelas injustas predições
de um pai injusto fui arrasado.
Estou acabado, miserável! Ai de mim! Ai, ai! 1350
Através da minha cabeça, disparam dores;
no meu cérebro, pulsa um espasmo.
Esperai, para que eu descanse o corpo exaurido.
Ui, ui!
Ó odioso carro de cavalos, 1355
alimentados por minha própria mão,
Aniquilaste-me, assassinaste-me!
Ai, ai! Pelos deuses, sem tremer, escravos,
segurai meu vulto machucado.
Quem está ao meu lado direito? 1360
Comodamente levantai-me, retesando-vos estendei
este atormentado e amaldiçoado que sou
pelos erros do pai. Ó Zeus, Zeus, vês isto?
Aqui estou eu, o venerável e reverente aos deuses,
este que em moderação ultrapassou a todos. 1365
Para o Hades caminho, prevejo, com a vida
cabalmente acabada; em vão, as lidas
da piedade,
com respeito aos homens, empreendi.

(*cantando*)
Ai, ai; ai, ai!   1370
E agora a dor, a dor me vem:
deixa-me ir, infeliz de mim!
E que a morte me venha como um peã.³³
Devastai-me, destruí-me, desventurado!³⁴
Por lanças de duplo fio anseio   1375
para dividir em duas e pôr a dormir
a minha vida.
Ó infeliz maldição de meu pai!
Algum sangrento e congênito crime
de remotos antepassados   1380
irrompe,
e não se demora,
e veio contra mim. Por que, quando
de nenhum mal sou culpado?
Ai, ai de mim!
Que direi? Como libertarei   1385
minha vida,
sem dor, destes sofrimentos?
Ah, se a escura coação
do Hades me pusesse a dormir,
desventurado que sou!

ÁRTEMIS
Ó infeliz, a que infortúnios foste emparelhado!
Mas foi a nobreza do teu espírito que te destruiu.   1390

HIPÓLITO
Eia!
Ó sopro de fragrância divina! Pois, ainda que em infortúnios
esteja, sinto a ti, e meu corpo torna-se mais leve.
Neste local, está a deusa Ártemis.

---

³³ Peã era o deus curador da Grécia. O nome também designa um tipo de hino dedicado a Apolo.
³⁴ Sentido aproximado. Este verso está corrompido no original grego.

ÁRTEMIS
Ó infeliz, ela está, a deusa por ti mais adorada.

HIPÓLITO
Vês a mim, senhora, como estou, combalido? 1395

ÁRTEMIS
Vejo. Mas não me é lícito derramar lágrimas dos olhos.

HIPÓLITO
Não mais tens teu caçador, nem teu servo.

ÁRTEMIS
Não, de fato. Mas me és amado, mesmo morrendo.

HIPÓLITO
Nem o cuidador de teus cavalos e o sentinela de tua estátua.

ÁRTEMIS
Porque Cípris iníqua assim o tramou. 1400

HIPÓLITO
Ai de mim, conheço agora a divindade que me arrasou.

ÁRTEMIS
Ficou insatisfeita com as honras prestadas e o moderado odiava.

HIPÓLITO
Uma só, percebo agora, destruiu-nos, os três.

ÁRTEMIS
Teu pai, tu e a consorte em terceiro lugar.

HIPÓLITO
Portanto lastimo também pela má sorte do pai. 1405

ÁRTEMIS
Enganado pelos desígnios da divindade.

HIPÓLITO
Ó miserabilíssimo! Que infortúnios os teus, meu pai!

TESEU
Estou acabado, meu filho, para mim não há mais graça na vida.

HIPÓLITO
Mais lamento a ti, por teu erro, do que a mim.

TESEU
Ah, filho, se eu me tornasse cadáver em teu lugar!   1410

HIPÓLITO
Ó acres dons de teu pai Posídon!

TESEU
Que eles jamais tivessem chegado à minha boca!

HIPÓLITO
Mas por quê? Terias me matado assim mesmo, tão enraivecido estavas.

TESEU
É que fui ludibriado por uma ilusão enviada pelos deuses.

HIPÓLITO
Ah!
Se a raça dos mortais pudesse amaldiçoar as divindades!   1415

ÁRTEMIS
Que seja. Pois nem sob a escuridão da terra
ficarás não vingado da ira que caiu sobre ti
pela vontade da deusa Cípris

— recompensa essa à tua piedade e ao teu bom coração.
Eu, pela minha própria mão, de um outro, 1420
daquele que entre os mortais lhe for mais querido,
com estas flechas inescapáveis, cobrarei vingança.
E a ti, mal-aventurado, em troca desses infortúnios
honras supremas na cidade trezênia
concederei: donzelas solteiras, antes das bodas, 1425
cortarão seus cabelos para ti, e durante longas eras
colherás os supremos sofrimentos de suas lágrimas.[35]
E para sempre serás o desvelo
das canções das virgens, e jamais, caindo no anonimato,
o amor de Fedra por ti será silenciado. 1430
E tu, ó descendente do velho Egeu, toma
teu filho em teus braços e abraça-o.
Foi involuntariamente que o mataste, e aos homens
é aceitável errar, quando os deuses o designam.
E a ti exorto a não odiar teu pai, Hipólito, 1435
pois tens o teu destino, este pelo qual foste destruído.
Adeus! Não me é lícito olhar para os defuntos,
nem macular meus olhos com sopros de morte.
Vejo que já estás próximo do infortúnio.[36]

HIPÓLITO
Adeus também a ti, abençoada virgem! 1440
Facilmente, deixas nossa longa união.
A teu pedido, renuncio à briga com meu pai,
pois no passado também era eu persuadido por tuas palavras.
Ai, ai, pelos olhos a escuridão já me alcança!
Toma-me, pai, e ergue meu corpo. 1445

---

[35] Como de hábito, Eurípides fornece aqui uma explicação (em grego, *aítion*) para um culto contemporâneo ao seu teatro. Em Trezena, as noivas cortavam seus cabelos e dedicavam-nos a Hipólito antes de se casarem. Lá havia um santuário próprio e sacrifícios anuais ao herói. Na Ática, também foram encontrados um santuário e um túmulo de Hipólito, mas a natureza de seu culto no local é desconhecida.

[36] Cf. notas aos versos 22-23 de *Alceste* neste volume.

TESEU
Ai de mim, filho, que fazes a mim, o desventurado?

HIPÓLITO
Estou acabado e já vejo os portões do mundo inferior.

TESEU
Deixando-me com minhas mãos impuras?

HIPÓLITO
Não, na verdade, já que deste assassinato te libero.

TESEU
Que dizes? Deixas-me livre de sangue? 1450

HIPÓLITO
Que Ártemis dominadora de flechas seja minha testemunha.

TESEU
Ó amado, como te revelaste nobre ao teu pai.

HIPÓLITO
Adeus, meu pai! Passa muito bem!

TESEU
Oh! Que coração bom e piedoso!

HIPÓLITO
Reza que teus filhos legítimos assim o sejam. 1455

TESEU
Não me desertes agora, filho, mas aguenta!

HIPÓLITO
Já aguentei demais. Estou acabado, pai.
Rapidamente cobre meu rosto com os peplos.

TESEU
Ó ínclita Afaia e fronteiras de Palas,
de que homem serás privada! Ó infeliz de mim, 1460
como muito me lembrarei, Cípris, de tuas desgraças![37]

CORO
Comum a todos os cidadãos,
veio inesperadamente esse pesar.
Torrentes de muitas lágrimas ainda virão,
pois mais lastimáveis são as histórias 1465
que sobre os grandes correm.

---

[37] No v. 1459, o texto dos manuscritos de *Hipólito* diz "ínclita Atenas e fronteiras de Palas", mas essa união de cidade e deusa, acrescida de uma pequena corrupção gramatical no grego, deixam os editores desconfiados da autenticidade da frase. Por essa razão, o editor James Diggle decidiu corrigir "Afaia" no lugar de "Atenas". Cf. nota ao v. 1123.

SOBRE A TRADUTORA

Nascida em Salvador (BA), Clara Lacerda Crepaldi começou a estudar Eurípides no curso de bacharelado em Letras Clássicas da Universidade Federal da Bahia. Na Universidade de São Paulo, defendeu a dissertação de mestrado "*Helena* de Eurípides: estudo e tradução" publicada na Série Produção Acadêmia Premiada da Faculdade de Filosofia, Letras e Ciências Humanas, em 2015. Atualmente finaliza uma pesquisa de doutorado sobre partículas discursivas do grego clássico e segue discutindo Eurípides e outros no grupo de pesquisa Estudos sobre o Teatro Antigo (USP/CNPq).

CONTINUE COM A GENTE!

- Editora Martin Claret
- editoramartinclaret
- @EdMartinClaret
- www.martinclaret.com.br